# 跟理財
# 談一場戀愛吧！

畫師 著

國際認證財務規畫師維妮與你的21個理財約會，
將複雜的理財觀念簡單化

*The 21-Day Guide to Financial Happiness*

【推薦序】

# 人生追求的不只是溫飽，而是值得回味的精采

美商如新華茂公司總裁級品牌大使
中華兒童心臟病基金會榮譽常務理事 黃意評

從沒想過可以在理財書寫推薦序，因為我從小就是個數學「很」不好的人，但維妮的書卻深深吸引了我。從她的標題就讓我完全沒有抗拒的能力，仔細閱讀之後，更是獲益良多。

從來沒想過有人可以把理財知識寫得這麼平易近人，且淺顯易懂。透過這 21 個故事，讓我們理解到財務規畫和不同人生需求之間的微妙關係，就像在看一本小品文學，但學習到的卻是實用而重要的理財觀念，讓我這個從沒正式學過理財的人倍感驚喜！

維妮本身的故事就非常激勵人心，但本書的精采不只是故事性很強，維妮的理財故事裡蘊含了很多成功哲學，從中可以瞭解為什麼她可以翻轉她的人生。

從心態到做法，從定位到規畫，一步步帶領著讀者理解財

務規畫的重要性，如果不是她的經歷和成功的特質，我想是無法寫出如此精采的內容。例如製作「夢想板」、瞭解「錢」的意義、「有錢」的定義、時間規畫、目標設定……等等，都超越了一般人認知的理財範疇，但這些觀念卻是奠定成功的基石，是非常重要的人生觀。

我很幸運擁有被動式收入的財務自由，也從維妮的書裡瞭解到豐富的理財觀念，這會讓我的生活更加圓滿。相信所有看完本書的讀者都會有很多收穫，畢竟人生追求的不只是溫飽，而是值得回味的精采！

# 企圖心與毅力，是行過人生低谷時的最佳友伴

補教兒童美語教學組長 莊珮云

認識維妮是她大學剛畢業，還在尋找自己未來及方向的時候。維妮，我的好友，曾為上班族，當過專業講師，也經營過事業，她年輕，資歷卻完整。

遠嫁異國的她，不安分守己當貴婦，硬是要燃燒她的事業魂，跨足「財務規畫」。在人生地不熟的異鄉，她不但將原本的專業「砍掉重練」，並且只用了短短六個月的時間，就成為「資深理財顧問」。從業第三年，業績就直達西澳資深財務規畫師一階的第一名及公司全國前 20 名，這一切憑藉的，都是她強烈的企圖心及堅持的毅力。

不藏私的她，想讓更多人建立正確的理財觀，這本書絕對能開啟你的理財之窗，它教的不是理論，而是經過驗證的理財實例。祝福各位讀者早日達成財務健康，進而能夠達到財務自由的目標。

# 一本親和貼近你我生活的理財好書

媒體中心執行總監 車姵諮

由於本身從事理財相關行業，身邊許多朋友也都是不同領域的理財顧問、財務經理或是金融從業人員，因此平日有機會一起喝下午茶或聚餐時，聊的也常是金錢方面的事務。

談起錢，其實一點也不銅臭，事實上，我身邊這些朋友，在藝術、音樂、文學也都是深具涵養的人。究其因，能夠把金錢的私領域做到成功，才更有餘裕去感受有關身心靈涵養以及文化思維的種種，不是嗎？

所以懂理財、聊理財、把自己的金錢管理做好，這件事一點都不俗氣，而且還很重要，只不過如何挑選到最適合自己的理財好書，並不是一件簡單的事。

請注意，我強調的是「最適合」，因為一本書可能內容很專業，是理財專家眼中的好書，但是對於非專業領域的人來說，卻可能感覺太硬而不易親近。

在市面上的書中，我還看到另一種情況，就是太獨門，甚至有些觀點太偏激，包括股票、房地產、基金選擇權，乃至於這兩年來最夯的虛擬貨幣，都有專書。但有時候對我們來說，需要的是更貼近自己生活、更能具體應用的知識。

簡單來說，從我每天出門那一刻，或許要去吃早餐，或許要刷卡買機票，就從這些日常應用著手，讓我們「立即用得到」。有沒有這樣的書呢？我終於看到這樣一本好書，那就是維妮的書。

一開始，我注意到這本書並瞭解作者的身分後，覺得以她的職業的確很適合提供理財領域的智慧。但我比較擔心作者的主要工作場域是在澳洲，理財內容會不會無法契合臺灣或其他東方國家的理財模式？但讀完全書之後，我覺得自己多慮了，本書的文字親切淺顯，但能和每個人的日常生活理財結合，內容包含大家都會遇到的不同理財問題，廣泛卻又真正實用，不談太深入的知識。

關於理財、房地產等領域，有興趣的讀者可以去閱讀更專門的書，至於本書則專注在「生活化的實用」，並且寫得非常好，這是我非常佩服的。

我願意以我理財領域的職場專業身分，推薦這本適合不同

年齡層閱讀的書，特別是針對年輕人，包括準備進入社會的大學生，或是已經在職的社會新鮮人，本書可以讓大家在理財這條路的起始點上，抓到正確的觀念。

　　對於其他不同的身分，例如家庭主婦、中高年齡層或者遇到種種理財狀況，舉凡借貸、負債、養兒育女等不同的投資規畫，本書也都有適合的解答。

　　這是一本非常值得推薦的好書，讓我們用輕鬆的心情，也可以學到好的理財知識。

# 行動的起點—— Light bulb moment

離開臺灣的前夕，與一位久未見面的好友相約吃飯。

好友還是沒變，一樣的精明幹練，一樣的充滿朝氣，她的擁抱也還是如此溫暖。到了餐廳後，兩個人點了菜，就天南地北的聊了起來。

「行李準備好了嗎？」好友問。

「嗯！差不多了。這段時間就邊收邊送，只留下了幾本重要的書跟衣物，再準備幾份文件應該就 OK 了。」我說。

「好快喔！感覺去參加你的婚禮好像還是昨天的事，一下子就到了你要搬到澳洲的時間了，會緊張嗎？」好友問。

看我經歷過一切起起伏伏，因經商失敗而負債，再從負債到存下一桶金，好友擔心跟心疼的心情完全表現在臉上。不過

她也知道我是隻打不死的蟑螂，有超強的鬥志力，不管到哪裡都可以生存得很好。

時間過得好快，如今搬到澳洲已經六年了，一直覺得自己很幸運，有疼愛我的先生跟家人、好友照顧，讓我可以在異地適應良好，並能無後顧之憂的朝著自己的夢想前進。同時，我也從第一年開始，在澳洲前二大銀行擔任起資深財務規畫顧問師的職位。

平常工作的內容，除了跟客戶及各界財務公司開會接洽外，也必須負責 6 個銀行分行的業務管理，以及為分行做一對一或團隊的培訓，這些經歷慢慢累積成自己的實力。

工作了三年後，公司邀請我參加表揚大會，並獲頒公司全澳洲前 20 名的財務規畫師（公司在全澳洲有超過 500 位財務規畫師），同時擁有自己的團隊。

撇開工作上的努力，這些年來，碰到上千個客戶，並幫助他們達到財富自由的目標，在替客戶開心之餘，也讓我萌生了透過寫作幫助更多人的想法。

這幾年，藉由個人的經驗跟工作上的實務規畫，我發現，雖然是不同國家、不同民情，也許相關法令不同，消費習慣不同，但是大部分人對於理財又愛又恨的感覺並沒有不同，對於

金錢的觀念跟問題也都大同小異。

身邊總有人嫌錢賺得不夠多、不夠快，也有人被債務壓得喘不過氣，年輕人對未來感到悲觀，已婚夫婦為了小孩的保母費或教育費爭執不休，屆齡退休的人擔心自己沒有足夠的錢可以養老，有人到處接觸理財資訊但卻越聽越茫然，也有人因投資失利被套牢而想輕生。

有些人說，金錢買不了快樂，談錢就太 low 了。但不可抹滅的事實是，在我們的一生當中，不管在任何階段，都會碰到跟財務相關的問題與煩惱。理財的基本觀念放諸四海皆可適用，與其擺爛完全不管，倒不如學習如何跟理財談戀愛。

在本書中，我設計了 21 篇的改編故事，希望將複雜的理財觀念簡單化，讓讀者透過故事裡的餐敘及河邊漫步，建立一個良好的基本觀念，並成為一個快樂的有錢人。

設計完我才發現，這剛好跟「養成一個習慣需要 21 天」(註) 的論點不謀而合，我試著將枯燥的理論簡單化，將線性或數據生活化，不談任何特定投資物件的好壞，也不提任何投資產品，對這些部分有興趣的朋友，可以在閱讀本書後，自行尋找相關資訊深入研究。

本書主要是用簡單的方式，討論金錢跟自我理財的觀念，

往後有機會我們也可以再進一步詳談細節跟實務操作。如果對於書中的內容有任何意見或指教，可以跟我或出版社聯絡。

　　就讓我們一起跟理財談一場戀愛吧！

註：
美國醫生作家麥克斯威爾・馬爾茨（Maxwell Maltz）在 1960 年推出《心理控制術》（Psycho-Cybernetics）一書提到，養成一個習慣需要 21 天。這個理論被廣泛運用在學術界中，並適用於個人行為改變上。

# 目次

導言

# 金錢與生活相同，與其逃避，不如面對

工作之際我決定放自己一個長假，選在春暖花開的季節回臺灣，除了拜訪家人與朋友之外，也趁這次機會安排一趟旅行讓自己放空，順便到處走走，欣賞臺灣美景。

回臺之前，我利用 Google 搜尋臺灣民宿，在眾多的選項中，選定了位於東臺灣的一間特色小木屋。

就這樣，我開始了我的心靈之旅。

之所以選這間小木屋，是因為照片裡的景象，讓我想到小時候的兒歌：「我家門前有小河，後面有山坡，山坡上面野花多，野花紅似火……」

小木屋被綠樹青山環繞，屋前有一條清澈的小河，沿著河流可以一直走到附近的湖泊。小木屋旁有一片花田，花田旁有

一座涼亭，放眼望去，遠處的山巒被白雲覆蓋，就像故事裡才會出現的景色。

　　經營民宿的夫妻是一對四十多歲的在地人，兩人年輕時在都市讀書、工作了幾年，但總忘不了家鄉的好山好水，所以結婚後兩人決定搬回自己的老家，開始經營花田生意。

　　這幾年因為戶外旅行盛行，每到夏日花季，總會吸引許多旅客前來探訪拍照，順便帶家人踏青露宿，因此讓他們興起了經營民宿的想法。

　　民宿夫妻有一個獨生女叫小涵，剛從大學畢業，除了在家幫忙家裡的花田生意，也希望能趁這幾年的時間，釐清自己未來要走的路。或許是獨生女的關係，對於我的到來，小涵感到特別興奮，三不五時就來小木屋串門子，我也很高興有人可以陪我聊天。


　　這天，我們坐在花田旁的涼亭休息，小涵突然問我：「維妮，我對未來感到好茫然喔！畢業了卻還搞不清楚自己要的是什麼，但是看你好像都沒有煩惱，難道你一直知道自己要的是什麼嗎？」

　　「小涵，你這年紀對未來的茫然是正常的，很多人到老了

還是不知道自己要的是什麼。但知不知道是其次，過得快不快樂才是最重要的，不過人生的歷練倒是會幫助一個人想清楚自己的方向。」

「至於有沒有煩惱，我想只有自己最清楚。俗話說：『相由心生。』若一個人內心充滿快樂滿足，自然就會展現出陽光般的朝氣，對於目前生活中擁有的一切，我真的由衷的感恩，所以就不自覺的傻笑了，應該說是幸福的微笑！」我說。

「維妮，如果是這樣，我實在懷疑許多人是不是在生活上都因為沒能達到心中的滿足而不快樂。有時候，我看到大人們為了柴米油鹽的事爭執或愁眉不展，我就在想，難道這是常態嗎？難道這是每個人必經的過程嗎？」小涵問。

「你這小妮子也想太多了吧！家家有本難唸的經，很多事情是我們外人看不到的。人的煩惱或爭執，往往和金錢有關，雖然老一代的觀念裡，總是覺得談錢傷感情，但如果平常不談錢，一旦出問題時才互相怨懟，這樣反而更容易產生問題。」我說。

「真的耶！常常看到電視、雜誌或網路文章，很多事情的癥結跟問題，究其根源，多多少少都跟錢有關。」小涵說。

「你說的沒錯，我年輕的時候體會到一個道理——不論在

人生的哪一個時期，我們都會有跟財務、健康及感情相關的問題。所以不管有錢沒錢，碰到這些問題就很容易產生負面情緒，在這樣的情緒下，讓一般人更不想談理財。」

「有一個研究顯示，有 47 ％的人對目前的財務現狀不滿意，甚至造成精神緊繃，嚴重一點還會得憂鬱症。由此可知，財務影響到我們的健康跟人際關係。若想要達到身心靈的平衡，我們就更應該要花時間瞭解財務，這也是為什麼我選擇理財規畫顧問師當作是我的職業。」我說。

「但是我的數學不好，又不懂那些複雜的東西，加上我現在也沒什麼收入或存款，難道也需要學嗎？」小涵問。

「你還年輕，不需要這麼垂頭喪氣，或許你現在什麼都沒有，但你有大好的時光，可以好好的把正確理財觀念釐清，這才是對自己最好的投資。放心，我不會跟你提複雜的東西，也不會對你說教，找一天我們去河邊散步吧！」我說。

「好啊！我大學時的姊妹淘這兩天要來找我，可以邀請她一起參與嗎？快畢業的時候，我們有討論過這個話題，但不知道該從何著手或向誰請教。學校只教我們一般性理論，卻沒有一門課教導我們怎麼理財，身邊的長輩也都或多或少有一些財務上的疑惑，後來就不了了之。只能開玩笑的說，去買樂透比

較快，所以我知道她也會很需要這樣的觀念。」小涵說。

「那有什麼問題，人越多越好。如果有機會，我也可以跟你們分享我的有趣故事，你時間敲定了再通知我喔！走吧！時間不早了，該回去吃飯了。」我說。

兩人慢慢的朝回家的路上前進。

## 生命中的挫折，都是滋養我們成長的養分

　　黃昏夕陽光灑在湖面上，我和小涵坐在湖邊的大石頭上，看著眼前氣象萬千的景觀，兩人都被大自然美麗震懾住了，我們倆像是捨不得這風景般，一點也沒有想移動的意思。

　　「維妮，上回你提到人生的歷練可以幫助一個人釐清人生方向，我是還沒有什麼人生歷練啦！不過我倒是很好奇維妮是不是有什麼故事可以分享？如果你不介意的話。」小涵說。

　　望著遠方，我開始說起當年我還沒去澳洲前的故事。

　　年輕的時候，我也像很多人一樣愛做夢，夢想有個屬於自己的天空。

2009 年底，眼看著自己經營多時的餐廳連連虧損，我身心俱疲，無心經營下去。我真的認真努力過，但即便再怎麼用心經營，跟一個不對的、甚至是時常出狀況的合夥人共事，只是讓破洞越來越大。

在行屍走肉般生活一段時間後，突然有一個聲音喚醒了我：「這真的是我要的人生嗎？如果不是，何不放自己一馬，給自己重新來過的機會。」

就這樣，我下定決心，離開了我一手打造的餐廳事業。只是我不知道，迎接而來的又是另一個大挑戰。

由於當初合夥人未履行頂讓合約的承諾，在他承接生意後就悄悄的把餐廳關掉，變賣了器材，跑路去了。

我那年 31 歲，因為餐廳而負債 300 萬元，同時間，我在幾年前買的公寓還有 300 萬元的房貸要繳。

眼看著我的積蓄火速消失，我知道沒有太多的時間自怨自艾，沉陷在悲觀的情緒中，我必須要馬上重整自己再出發。所以，我第一步就是把當時的資產負債及現金支出，都詳細的列出來。

## 資產和負債

| 資產 | | 負債 | |
|---|---|---|---|
| 戶頭現金 | 20 萬元 | 營所稅 | 30 萬元 |
| 車子 | 20 萬元 | 員工勞保費＋國民年金 | 25 萬元 |
| 桃園公寓 | 市值約 320 萬元 | 員工健保費 | 25 萬元 |
| | | 青創 | 100 萬元 |
| | | 信貸 | 70 萬元 |
| | | 姊姊的愛心周轉金 | 50 萬元 |
| | | 桃園公寓房貸 餘額 | 300 萬元 |
| 總資產 | 360 萬元 | 總負債 | 600 萬元 |

## 收入和支出

| 收入 | | 支出 | |
|---|---|---|---|
| 教書收入 | 4 萬元 | 房貸 | 2 萬元 |
| 公寓租金 | 1.3 萬元 | 房租 | 1.2 萬元 |
| | | 青創 | 1.5 萬元 |
| | | 信貸 | 1 萬元 |
| | | 生活支出（含油錢） | 1.2 萬元 |
| 總收入 | 5.3 萬元 | 總支出 | 6.9 萬元 |

列表出來後，可以很清楚的看到：

1. 在我的負債中，良好負債（可以增生價值的，例如房子）為 300 萬元，而不良負債（不會增生價值，反而讓負債越滾越大的）就有 300 萬元，即便我變賣了我所有家產，也只能負擔比一半多那麼一丁點的負債。

2. 雖然我每個月都有入帳 5.3 萬元，但支出就約有 6.9 萬元，每個月都還得倒貼 1.6 萬元。如果不想辦法增加收入，而只拿僅有的存款每個月倒貼，過不了多久，我就會坐吃山空。

泡杯茶讓自己定心後，我做出了以下的決定：

1. 增加收入：

   考慮了所有掙錢的可能性後，我決定全心放在我擅長的教學講座上。

2. 訂出還債計畫：

   A. 雖然很痛，我還是決定把公寓賣掉，這樣子貸款瞬間減少一半，支出的部分也減少了 3.2 萬元。

   B. 跟所有債權人聯絡，通知他們目前的狀況，並誠心告知還款意願跟目前計畫，預計還款金額及時間表，並詢問是否有整合貸款的機會。

當然，這段時間也會有碰壁的時候，但只要展現誠心跟意願，把問題攤開，大部分的人都還是會願意幫你解決問題的。

　　還債的過程中，要隨時保持心靈平靜真的滿難的，有時候晚上還會窩在家裡偷偷流淚。但由於還債跟重新再站起來的意志堅定，天公疼憨人，我在兩年內不僅將所有的債務還清，同時因為這期間逼自己把每筆收入的 10％ 存起來或投資，我名下又有了 100 萬元的資產。

　　我承認我並不自豪這些過去，也承認做了很多錯誤的決策，有時候回想起來，覺得如果少走這一遭，會不會人生有不同的發展？不過不經一事不長一智，透過這些經驗，我學到了人生很多寶貴的教訓。

　　講到這裡，夜幕已低垂，街邊的路燈早已點亮。

　　「原來維妮你也曾走過那麼艱難的一條路，聽起來好辛苦喔！」小涵說。

　　「還好啦！就當作是人生的歷練吧！但也是因為如此，現在的我，才能更瞭解每個遭遇理財之苦的人他們內心的需求，也因此能夠提出更切中問題關鍵的建議。」我回答。

　　「記得我那天提起那個姊妹淘嗎？明天她會來這邊待一個

禮拜，我想明晚邀請你到我們家一起吃晚餐，你有空嗎？」小涵說。

「好啊！剛好有空，明天過去跟你們吃頓飯。」我回答。

「耶！好期待喔！」小涵說。

「好啦！你這個戲精，該回家了。」我說。

沿著夜晚的河邊小徑，小涵與我漫步走回民宿。

# 觀念的解構與重建──與金錢好好相處

小涵跟文馨在大一認識後就一拍即合,從那時候開始,兩人時常一起選課,學習新的領域,或是在下課後到河濱公園騎腳踏車,聊著對未來的夢想。

大學畢業後,小涵決定先回家幫父母的忙,而文馨則留在當地,並找到一家行銷公司,做行政企畫助理的工作,適應著「朝九晚七」的上班族生活。

半年沒見,雖然兩人時常通電話,但見面時還是非常興奮的給彼此一個大大的擁抱。小涵讓文馨把行李放下,就拉著文馨到飯廳,介紹我們認識,並開心地聊起彼此的近況。

「文馨,工作還適應嗎?」小涵問。

「工作內容滿有挑戰性的，尤其是剛開始的時候。還好公司同事跟主管都很 Nice，願意教我或指點我，所以最近有慢慢上手的感覺了。但你也知道，我們社會新鮮人從助理開始做起，每個月看著進帳的薪水，扣掉所有開銷後，到月底就所剩無幾。有時候，想想我們曾經討論的遠大夢想，就覺得有點沮喪。」文馨說。

「我瞭解，的確，剛出社會或剛創業，都會經過一段財務很緊的階段，就把這段時間當做是累積實力跟瞭解自己喜好的階段吧！這段時間的收入跟付出的勞力、精力覺得不成比例，但經驗跟實力的累積都是需要時間的。所以要有耐心，不要給自己太大的壓力，好好享受現在所學的一切吧！ "Patience, young grasshopper!"（耐心點，年輕的蚱蜢！）(註) 」我說。

「我會時時提醒自己。對了，維妮，我聽小涵說你在澳洲是理財規畫師，那是在做什麼的啊？是像印象中要買保險或買基金就找你？」文馨問。

「保險跟基金都是理財的重要工具之一，不過，我會形容我的工作像是理財教練，幫助他人達到理財目標並過著想要的夢想生活；又像是心靈導師，必須去開導並釐清客戶的想法。」我說。

金錢是很敏感的話題，很多人在生活中能不提就不提，避之而無恐不及。但現實是，金錢對人生每個階段都產生了很重要的影響，我們很難想到可以不跟金錢發生關係的時候。

　　所以不提金錢並不是積極面對財務的辦法，而建立跟金錢的良好關係，釐清理財觀念及理財動機，這些都是理財中最重要的一步。

　　「原來是這樣，不過像我們這個階段，才剛開始工作，只是受薪階級，也沒有什麼積蓄，又不懂投資，看到數字、線性或聽到別人在說什麼股票、房地產這些名詞就整個昏倒，腦袋瞬間自動關機。」文馨說。

　　「你真的不愧是小涵的姊妹淘耶！唱作俱佳！」我說。

　　「維妮，你就教我們幾招吧！」小涵說。

　　我跟很多人一樣，生長在一個小康家庭，父母在家經營零售生意。大約在我中學的時候，碰到了亞洲金融風暴，父母的生意受到很大的影響，投資的資金也都被套牢，家中頓時一片愁雲慘霧。

　　在成長過程中，我總記得媽媽常常提醒我們要節儉、錢要

省著點用、少花一點、因為賺錢很辛苦。在這樣環境中，我對錢沒有什麼好印象，因為它代表的意義是壓力跟沒錢的不安全感，這種潛意識的觀念，在我出了社會後並沒有消失。

在幾年前還債的過程中，心中有個聲音大聲說著：「我不想為錢緊張煩惱一輩子！」所以我決定好好研究理財相關知識，並重視這個問題。當觀念釐清後，除了幫助我快速還清債務，並且擁有一筆存款，之後透過正確的觀念跟行動，更讓我清楚自己的需求，進而達到我目前想過的生活。

「那我們該怎麼做呢？」小涵問。

養成一個習慣需要 21 天的時間，但所有的習慣都需要建立在一個正面跟良性的觀念上。所以，這個階段，我們得先改變你對錢的心態。

首先，Decoding（解碼）：
這裡不是要你去學程式語言，而是去瞭解自己對錢的看法。就像在程式裡找 Bug，要先找出問題才能找到解決方法。
所以，拿出紙筆來，誠實的列出你對錢的想法吧！

| Decoding（解碼） | |
|---|---|
| 常聽到的想法 | 列出你目前對錢的看法 |
| 我沒有錢。<br>錢不夠用。<br>我買不起。<br>我對失去金錢感到恐懼。<br>我沒本事、沒本錢、沒靠山、沒<br>富爸爸。<br>賺錢很辛苦。<br>錢是罪惡的。<br>我不是有錢人，做不來、沒辦法。 | |

　　如果我們總覺得金錢「很難取得」，你的潛意識就會配合你的思維，讓你的錢很難取得。就好像我小時候總認為「錢不夠用」，我就真的經常碰到錢不夠用的狀態，這樣的狀況下，我們已經被自己錯誤的金錢觀制約而無法動彈了。

　　接下來，我們需要 Recoding（重新編碼）：

　　Decoding（解碼）是瞭解你過去跟現在對錢的想法，而Recoding（重新編碼）則是要破解你潛意識裡的負面想法，進而改變自己的心態。

如果我跟你說改變心態很容易，那是騙人的，你都唬你自己那麼久了，要改變怎麼可能是一天、兩天的事？所以你必須認知，改變心態的過程，有它的挑戰性。

當途中碰到撞牆期時，要接受這都是必然的現象跟必經的過程，但請你要不斷提醒自己初衷──為什麼想要改變！

改變心態跟行為，我們可以用以下三個行動完成。既然剛剛提到程式，那就想像自己是臺電腦吧！我們已經把 Bug 去除了，現在要重灌更新。

## ・ 行動一：認知

我們對錢的觀念，其實是從成長背景、自身或他人的種種經驗累積來的，而這些觀念有時會伴隨著一些負面情緒。

這就像我們對待身體一樣，如果我們一直覺得身體哪裡異常或不舒服，但不去面對，問題就會一直存在或更糟。觀念也是一樣，如果我們不去正視，問題還是會持續發生。可是，當認知到問題的存在，就會正視問題，然後可以擁有動力去做該做的事。

- 　行動二：接受並允許改變發生

　　所有行為跟心態的改變，都是需要時間、勇氣跟決心的。改變的過程是不舒服的，這過程常常連帶著停止做自己喜歡的事情，或做一些自己不願意做的事情。

　　我們需要好好觀察自己，並瞭解目前自己的現狀跟行為，很多是來自於內心的恐懼——害怕失去的恐懼、害怕改變的恐懼、面對不同於他人想法的恐懼，同時要面對過去或社會想法的束縛。

　　我們不要讓這樣的恐懼或負面情緒牽制一輩子，所以，勇敢的接受心裡的吶喊——改變是必要的，我們可以擁有我們想要的，並且創造自己想要的人生！


- 　行動三：改變自己的故事

　　畫掉剛剛所列出來對金錢的負面觀感，並且改變成正面的話術。

　　剛開始寫的時候真的很彆扭，因為你還不習慣也不太敢。記得，敞開心胸並放下所有對事情的恐懼與成見，如果可以，跟三五好友一起腦力激盪，也是不錯的練習喔！

| Decoding（解碼） | |
| --- | --- |
| 常聽到的想法 | 列出你目前對錢的看法 |
| ~~我沒有錢。~~<br>~~錢不夠用。~~<br>~~我買不起。~~<br>~~我對失去金錢感到恐懼。~~<br>~~我沒本事、沒本錢、沒靠山、沒富爸爸。~~<br>~~賺錢很辛苦。~~<br>~~錢是罪惡的。~~<br>~~我不是有錢人，做不來、沒辦法。~~ | |

| Recoding（重新編碼） | |
| --- | --- |
| 正面話語 | 列出你對錢的正面話語 |
| 錢來得輕鬆自然。<br>我是個超級吸金石。<br>生活可以是富裕富足的。<br>我值得過我想過的生活。<br>我可以獲得我想要的一切。<br>我敞開心胸接受所有一切。<br>我跟錢是好朋友。 | |

越懂得感恩的人，越容易感到快樂，越容易成功。"Alike attracts alike."，相同的人事物吸引相同的人事物，當你在感恩的當下，便會釋放正面的磁波到宇宙，你就會吸引更多美好的事件發生在你身上，所以要懂得時時感恩。

　　「這就是理財的第一步驟──跟錢做好朋友，建立良好的關係。」我說。

　　「聽起來好神奇喔！我今晚就要來試試。」小涵說。

　　「對啊！我也覺得今天的談話，開啟了我對理財之路的大門，比較清楚接下來該怎麼做了，就這樣，我要來跟錢談戀愛！」文馨說。

　　「嗯！時間不早了，你們早點休息吧！如果有興趣，改天再跟你們分享其他理財的方法。」我說。

註：
「Patience, young grasshopper!」（耐心點，年輕的蚱蜢！）出自於 1970 年美國熱門的電視影集《Kung Fu（功夫）》。當少林師傅傳授靜心的方法給年輕的 Caine 時，對於心急的 Caine，師傅輕聲的提醒，要有耐心，一切都從心開始。後來這句話被引用到日常生活中，提醒對方要有耐心。

約會 02

# 與自己真誠相對——你有多想要？

今天天氣特別好，太陽不會太烈，微風徐徐吹來，剛好適合做個戶外瑜伽。正在享受著芬多精跟伸展的舒適感時，聽到遠處傳來文馨的呼喚聲。

「維妮，早啊！我帶了手沖咖啡來，想跟你一起分享。」文馨說。

「好啊！我剛好運動完，喝杯晨間咖啡再幸福不過了。」我邊說邊開門，指引文馨往餐廳方向走，「來吧！我們到餐桌那兒坐著，這樣可以邊聊天邊喝咖啡。」

文馨架設好工具後，就開始很有架勢的沖起咖啡。

「我跟小涵倆都愛喝咖啡，小涵家又有一大片花田，我們倆之前就說，以後說不定在工作之餘，可以合開一間有機花草

咖啡店。」文馨說。

「有機花草咖啡店，聽起來不錯。我覺得趁年輕，什麼都試試很好，不過隔行如隔山，在決定做任何事，尤其是創業之前，記得一定要先做功課、做計畫。」我建議。

「昨天晚上想了很多，或許在成長過程中，父母把我們照顧得好好的，所以從來都沒有認真想過或是學習如何跟錢交朋友，錢進錢出好像也沒什麼不對。但真正出了社會之後，還是用一樣的方式處理財務跟生活，卻突然發現內心有越來越強烈的失落感跟不滿足感。失落是因為感覺現實離夢想越來越遠，不滿足是因為看到戶頭裡錢進錢出，卻好像都沒有進步。我真的想要改變，也準備好要改變了，接下來應該怎麼做呢？」文馨問。

「我很開心你願意敞開心房去瞭解、去嘗試，我們今天就來談價值跟動機吧！」我說。

所謂價值是你生命中或潛意識裡，最重要的本質跟最深層的需求，這個需求跟本質轉化成強大的動機，這動機就成了驅使你前進的動力來源。

「要如何知道我們的價值跟動機呢？」文馨問。

要釐清生命中最重要的價值，必須誠實的面對最赤裸、最真誠的自己，對自己做深入的探視跟深度的剖析。

對財務方面，你必須誠實的問自己，對你來說這件事為什麼那麼重要？我們說要變有錢人，對你來說什麼是有錢，為什麼有錢這件事情對你來說那麼重要？想像自己像洋蔥一樣，一層層的剝開，你才能看到最深層的自我。聽起來有點困難，但我們其實可以透過以下練習得到大概的結果。

「現在，不要想太多，直覺回答下面的問題。文馨，錢為什麼對你那麼重要？」我問。

「因為錢給我能力來支付生活上的所需。」文馨不加思索的回答。

「有能力支付生活所需為什麼對你那麼重要？」我問。

「因為它讓我能夠獨立，不再依靠他人生活。」文馨回答。

「能夠獨力不再依靠他人生活，為什麼對你那麼重要？」我繼續問。

「嗯！因為這樣讓我有成就感。」文馨這次思考了一下後回答。

「有成就感為什麼對你那麼重要？」我接著問。

「因為這樣讓我覺得，我有能力可以改變自己跟其他人的生活，並且得到滿足感。」文馨抬起頭來突然領悟的回答。

（價值）為什麼錢對文馨是重要的？

| |
|---|
| 第四層 有能力可以改變自己跟其他人的生活，並且得到滿足感。 |
| 第三層 有成就感。 |
| 第二層 能夠獨立不再依靠他人生活。 |
| 第一層 有能力支付生活所需。 |

「瞭解我們在做什麼嗎？我們正在做的就是去瞭解你最深層的需求，跟你最在乎的人、事、物。當你找出你的根源，當你閉上眼睛，去感受到達這個境界時的滿足感（有人說這只有一個『爽』字可以形容），你就會義無反顧的盡全力去完成。而每當你遇到挫折或覺得沮喪時，它會是促使你繼續前進的動力。」我說。

（價值）為什麼錢對你是重要的？（例）

| | |
|---|---|
| 第六層 有意義的人生。 | 第六層 達到人生目的。 |
| 第五層 有能力幫助他人。 | 第五層 活出精采人生。 |
| 第四層 成就感。 | 第四層 有貢獻感。 |
| 第三層 有時間陪家人。 | 第三層 做自己覺得重要的事。 |
| 第二層 自由。 | 第二層 自由。 |
| 第一層 安全感。 | 第一層 選擇。 |

（價值）為什麼錢對你是重要的？

| |
|---|
| 第六層 |
| 第五層 |
| 第四層 |
| 第三層 |
| 第二層 |
| 第一層 |

　　理財致富跟其他生活中的事情都是一樣，如果沒有真的想要，那就只是個空想，只是個白日夢而已。在一切變成計畫、

變成行動，並成為事實前，我們必須要有強烈的動機。這個動機要從內心發起，強烈到非達到不可，強烈到不管發生什麼事，都不會改變你的想法。

動機可以是出於愛：

- 我希望能多陪陪家人。
- 我希望能給家人一個更好的生活環境。
- 我希望能夠帶爸媽出國旅行。


動機可以是對個人的期許：

- 我希望能環遊世界。
- 我值得過更好的未來。
- 我希望達到買東西不用看標價的境界。
- 我希望能夠達到每兩個禮拜請人來家裡打掃的生活。


動機可以是出於想要改變：

- 我不想要每天都加班到 10 點，我一定要改變現狀。
- 我不想要那麼努力工作，卻只賺得這樣微薄的薪水，我一定要改變。
- 我不想要一直住在一個小到廚房緊鄰廁所的狹小空間

裡，我一定要改變。

- 我不希望家人再跟我受苦了，我一定要改變。

- 我不想再每天被債務追著跑，我一定要改變這一切。

因為這些動機是如此的牢不可破，你就不會輕易的放棄，不會輕易的給自己找藉口，不會輕易的被身邊的事物影響。

列出你牢不可破的動機：

- 
- 
- 
- 
- 
- 

「瞭解，當內心有了動機，就會有力量。但維妮，為何需要這種力量呢？力量的出現是要對抗什麼嗎？」文馨問。

「動機帶來的力量，要對抗的其實是『自己的習慣』。這世界上，帶給每個人每日生活最大影響的，不是媒體廣告、不是朋友師長，而是『習慣』。」我回答。

就像我每天用一種方式做事習慣了，要我換另一種方式，自然會不順不舒服。我平常習慣走這條路上班，忽然道路施工，要我換其他路線，就會因為不熟悉而感到緊張。有些人平常吃飯都要滑手機，若突然不能用手機，就會覺得不知所措。

事實上，因為人類的天性，我們的腦袋只要碰到不熟悉的事情，就會下意識的「保護我們」，並傳達一個意念：「警告！警告！改變是危險的，改變是錯誤的。」因為我們的腦袋本身就是個防衛機制，並不想要改變。

所以當你想改變現狀、追求新的挑戰時，內心就會浮起一個聲音：「這太危險、太辛苦了！你現在的生活習慣不是好好的嗎？幹嘛要自己沒事找事做？這樣不好啦！挑戰會失敗喔！你有可能一事無成喔！」當這樣的聲音一響起，許多人心中剛浮現的的衝動，就會立刻被舊有的習慣澆熄，最終選擇回到之前的「舒適圈」。

「我懂了，所以動機才會那麼重要，因為**唯有強大的動機，才能打敗人們根深蒂固的習慣拉力。**」文馨說。

「沒錯！有慧根。」我回答。

「但如果我的意志不夠堅定，容易被左右，或我的習慣已

經根深蒂固，難以拔除，有沒有什麼辦法能夠讓我對抗頑強的習慣拉力呢？」文馨問。

人都有惰性，所以伴隨著動機，還要有紀律來搭配，否則又會變成三分鐘熱度。當然不見得每個人都那麼有紀律，如果平常太善待自己，太快跟自己妥協，太容易被外在影響，有一種方法你可以運用，那就是**將你的想法昭告天下**，告訴身邊親朋好友，你的目標、計畫，這樣一來，他們就能幫你一起鞭策自己，多幾對眼睛的督促，你就更容易達到你的目標。

另一種方法就是**制定對自己的獎懲機制**，達到目標本身就是一種獎勵了，但你也可以用實質的東西鼓勵自己，像是犒賞自己去貴婦百貨吃下午茶、款待自己做個全身 SPA、招待自己跟阿娜答去一趟輕旅行……等等。

理財致富的過程中，你必須要適度給自己放鬆的機會或實質的獎勵，不然你會發現自己過得很「苦」，享受不到其中的樂趣，然後又恢復到對錢的負面感覺了。

同時，你也可以給自己設定懲罰，像是如果我沒有達到就

一個月不准外出逛街，或是一個禮拜不准上臉書。

　　當然這個處罰不涉及肢體虐待，例如我身邊朋友曾設定過的處罰方式有：

- 如果我沒有在特定時間內完成，我就一個月不准跟朋友出去聚餐。
- 如果我沒有達到目標，我就得把這個月薪水的百分之三十捐給慈善機構。
- 如果我沒有達到目標，我就一個月不准買新衣服或新玩具。

　　「總之，這個懲罰是要對你自己有一定影響力的，如果沒有達到目標，你就得逼自己去做自己不喜歡的事情，或是把自己最喜歡的東西奪走。因此，你沒有退路，也沒有理由可以改變自己的動機，你就更有機會達到自己的目標了。」我回答。

　　「瞭解了，所以我們應該去找出強烈的動機。如果發現自己容易動搖，要不就昭告天下，再不就是想出對自己的賞罰方法，這樣說對嗎？」文馨問。

　　「沒錯！這階段可能會花一點時間思考，但越清楚自己想要的是什麼，越容易達成自己的目標，之後你就會覺得這一切

都是值得的。」我回答。

此時正好正午，從這裡就可以聞到窗外陣陣的飯菜香，同時聽到小涵的呼喚聲，文馨起身道別並愉快的朝小涵家前進。

人都有惰性，所以，伴隨著動機，還要有紀律來搭配，否則又會變成三分鐘熱度。昭告天下你的想法，或是把自己的獎懲制度列出來吧！

約會 *03*

# 夢想的為什麼——具象化的夢想

　　這天下午，泡了一杯茶，放起輕音樂並從包包裡拿出賽門・西奈克（Simon Sinek）的暢銷著作《先問，為什麼：啟動你的感召領導力》（*Start with why: How Great Leaders Inspire Everyone to take action*）(註) 準備閱讀。

　　在旅行中我習慣隨身帶本書跟筆記，我喜歡閱讀，感覺作家把自身的精髓，透過文字赤裸裸的呈現並分享給讀者。不管是虛幻小說內所看到的創意跟想像力、新論點想法的探討，或是窺探人類思考模式，在閱讀中每每讓我興奮不已，而帶本筆記本也好讓我把自己的心得跟想法寫下來。

　　正在享受美好閱讀時光時，門外突然傳來輕輕的敲門聲。

「維妮，你在嗎？我是天佑。」天佑輕輕的說。

我放下手邊的書，開門讓天佑進來。

「維妮，不好意思，希望沒有打擾到你。」天佑說。

「沒有，反正我剛好在家，怎麼了？還好嗎？」我問。

「嗯！我很好，我聽小涵提到你的理財背景跟目前在國外的生活，想跟你聊聊。最近花田缺人手，剛好我就住隔壁，週末就來這邊打工。這段時間在思考，是不是應該在下班後去考個公職或念個托福（TOEFL）、多益（TOEIC）。我爸媽都是幫人做工的，所以他們沒辦法給我什麼意見，只要我過得開心就好了，你可以給我一些建議嗎？」天佑問。

「講講還真有趣，我大學畢業後托福也考過，多益也考過，在搬去澳洲前，我也教了幾年的托福跟多益呢！不過，天佑，我倒想問你，你的出發點是什麼？為什麼要考這些試呢？」我問。

「不瞞你說，我爸媽年紀大了，再加上長期做工，所以身體不好，我希望自己能有更好的實力，給爸媽更好的生活。」天佑說。

「你真是有心，我相信你父母聽到了一定會很感動。現階段，你可以把剛剛所有選項的優缺點列下來，然後做個比較。

在比較的時候，有一個現實面也要考量進去，就是投資報酬率。你必須去思考你所投入的時間跟金錢，是否能夠達到你所預期的結果。」

「舉例來說，你決定出國讀書，所以選擇考托福，你就必須要考慮出國的學費跟生活費，以及回國後找到工作的機率跟薪水，是否如你所預期的，然後思考它是否能達到你想要的目標跟生活。如果不行，是否還有其他的選項可以讓你達到這個目標。」

「想要給父母更好的生活，本身就是一個很好的動機了。但所謂更好的生活是什麼？你可能要更清楚詳述出來。有一種方法你可以試試，有沒有聽過圖像式或夢想板？」我說。

「有！不過夢想板不是只有從事業務工作的人才需要？」天佑問。

「這論點我倒是沒聽說過，但我覺得每個人都需要有自己的夢想板。夢想板就像是成功的藍圖，將你對未來夢想及美好生活的憧憬，用圖片組合的方式呈現出來。當圖像出現時，它就逐漸實體化，並產生注意力，注意力進而刺激潛意識，然後潛意識產生行動，最終使自己達成目標。據統計顯示，學會做夢想板設定目標的人，約有 80％的夢想會達成。我想這也

是為什麼你剛剛說很多業務人員都有夢想板，因為它真的好有用。」我回答。

「維妮，這樣說起來，你也有做過夢想板嗎？」天佑問。

我在剛出社會的時候曾經接觸過傳銷業，那是我第一次做夢想板。不過我必須老實說，當時年紀小還不懂，也不知道自己在幹嘛，好像是為了做夢想板而做夢想板，並沒有真正用心去體會，因此最終達到的目標有限。

剛開始在澳洲工作的時候其實很忐忑，尤其是要打電話給客戶或總公司。因為我剛到澳洲時，發現雖然我的英文不錯，但澳式英文實在有挑戰性，而我所有的同事跟客戶都是非華語系的，所以非得用澳式英文溝通。除了語言，我才剛接觸財經界，完全都不知道自己在幹嘛。

我記得第一通客戶電話，我卡在辦公室裡半天，都快哭了，才終於逼自己鼓起勇氣拿起電話打出去。問題是，我的工作就是每天有打不停跟接不完的電話，再加上我這個人又好強，要做就要做到好，於是我便使出我的夢想板策略！

我在網路跟報章雜誌上，找到很多職場女性穿著套裝開心地接電話的畫面，微笑地跟客戶握手完成生意的圖像，站在辦

公室前跟團隊開會時，充滿自信做簡報的樣子，同時還找到現金從天上掉下來，我在下面快樂接錢的畫面。結果，工作 6 個月後，才剛過試用期，我就升任為資深財務管理師，存款跟投資也一直不停增加！

「有注意到我剛剛提到的影像嗎？我不只是選取當下我想要的動作，我特別注意到影像呈現或帶給我的感覺，他們都是快樂的，這就是我想要達到的境界。」我說。

「聽起來好神喔！」天佑說。

「夢想板並不是一定要彩色圖像。有些人對文字比較敏感，有些人觸覺比較敏銳，有些人屬於視覺系，對於圖像有強烈的感覺，我自己就屬於這種。但，當你寫下你想要的，或繪圖勾勒出你的願景，甚至是收集剪貼圖片時，最重要的是你在當下有沒有感到無比的快感？有些人的反應比較強烈，可能會起雞皮疙瘩，有些人會邊做邊會心一笑，重點是你所想的是不是能夠讓你感到快樂，當下的美好感覺，會成為你想要達成目標的動力。」我說。

「我知道了，我要開始蒐集我想要的影像，匯整成我的成功藍圖。維妮，你可以建議我要怎麼開始嗎？像是我要找多大

的夢想板，做好要放在哪裡，有沒有一定的格式？」天佑說。

夢想板沒有一定的格式，自己看順眼就好。夢想越大，企圖心越強的人，夢想板就越大。我有很多想做的事物，連一張A3的大紙都塞不下。平常我喜歡用白板記事，所以我就另外買了個白板，它的大小剛好可以吸引我的注意力，沒事的時候我就會去看一下，然後不知不覺我臉上就帶著微笑。軟木板也是個不錯的方法，這樣要拆拿或移動都比較方便。

放的位置應該是你每天都會經過看到的地方，它可以放在門後，所以你出門前一定看得到；它可以貼在冰箱上，所以你每天開冰箱時就可以瞄到；或是可以擺在你的工作室，你工作時眼尾就可以瞄到你的影像。

至於內容就見仁見智，畢竟每給人想要的生活不同。有人放一張世界地圖，有人放超美豪宅，有人放洋裝、包包、個人飾品，有人放跟家人的快樂合照。有人放張大鈔票，上面寫上自己要的金額數字。有人想要平靜快樂，就放一張小河流水照。有人想要找到理想的另一半並結婚，就放一張快樂的結婚圖。也有人在夢想板上寫下父母平安健康、小朋友快樂長大、什麼時候去哪裡旅行……等等。

# 我的夢想板 （2013 年製作）

　　夢想板的內容發揮越多越好，夢想細節越細越好，然後你就會發現，原來，你也可以幻想很多生活上的樂趣，而它就會是你的動力了。

　　「維妮，謝謝你！在來之前，我還感到對未來茫然沮喪，現在我知道該怎麼做了。」天佑說。

　　「很開心能夠幫你，天佑！加油！我相信你一定可以的！」我說。

註：

Simon Sinek，暢銷作家，勵志演講家。他的 TED 演講「偉大的領袖如何激勵行動」是 TED 大會影片最多觀看數的第七名。他 2009 年出版《先問，為什麼？啟動你的感召領導力》，闡述所有的一切的起源，都來自於「為什麼」的黃金圈法則，從而建立企業，領導創業，激勵他人。

約會 *04*

# SMART 目標理財

　　好友打電話給我，說她的表妹雨燕考上公職後，請調到這邊的縣府工作。既然我目前在小木屋度假，離縣政府不會太遠，好友想說是不是可以幫表妹約我吃飯。

　　好友說表妹生活單純，一直以來都跟父母住在一起，沒什麼太大的野心或夢想，前一陣子跟初戀男友分手後，突然想要改變，但卻不知從何開始。好友想既然我人在這兒，可以就近照顧這個表妹，跟她聊聊，說不定可以幫她找出個方向。

　　既然好友都出馬了，我當然義不容辭的答應了。

　　我跟雨燕聯絡後，決定了聚會的時間跟地點，當天雨燕下班後就直接衝到小火鍋店跟我會合。

「維妮，不好意思，剛剛塞車，希望你沒有等很久。」雨燕說。

「沒關係，剛好叫到我們的號碼，所以你來的時間正好。我好久沒吃火鍋了，超期待的！」我說。

我跟雨燕邊吃邊聊天，聊著她目前的生活、她的工作和她的想法。

「維妮，我之前跟表姊提到，或許是爸媽把我照顧得太好，我從來都沒有想過要做什麼改變或有太多的想法，雖然沒有太滿足但也覺得還好，平常的收入就拿來吃或買些小東西，也不知道錢都花到哪兒去。但這次和男友分手後，突然驚覺我都已經快 30 歲了，存款也沒多少，再不改變自己不行。表姊建議我找你聊聊，維妮，請問我應該怎麼做呢？」雨燕說。

「不滿足是內心告訴我們，是時候去審視自己的現狀了，這其實是件好事，所以恭喜你！有些人覺得不滿足，但是不願意做任何努力或改變，那只會讓不滿足感跟著自己或增加負面情緒。當有這樣的警示聲時，我們就開始行動吧！」

「人生過程中，有很多領域是我們可以去努力並提升的，但說要努力提升，到底要努力多久，提升多少，這些都應該事先考慮清楚。人都有三分鐘熱度，在進行改變後的一段時間，

人的惰性就會出來質疑我們自己，然後不知不覺就又回到原點，這是因為我們沒有明確的目標跟計畫。理財也是一樣，除了正確的心態建立外，我們必須有一定的行動力。」

「你要把想達到的目標設定出來，這個目標越明確越好，當目標設定出來後，我們就可以清楚的設定行動了。」我說。

很多人說「我想要變有錢」，然而你的「有錢」定義是什麼？是身上有很多現金？名下有很多不動產？每個月有固定收入入帳？百萬元是有錢？千萬元是有錢？幾億元是有錢？相信我，每個人對有錢的定義絕對不一樣。

「維妮，你有錢的定義是什麼呢？」雨燕問。

「我有錢的定義是，如果我今天不工作，被動收入除了可以支付我每月支出外，還可以讓我做想做的事。我的人生多了很多選擇性，可以選擇吃大餐或吃滷肉飯，出國可以選擇坐商務艙或坐經濟艙，買東西可以不用看價錢，看到適合自己跟自己喜歡的就可以買下來。要達到這個目標，我就必須要有一定的資產，這就是我對『有錢』的定義。」我說。

「我今天回去也要想一下我自己的有錢定義。」雨燕說。

---

我的有錢定義是……

---

另一個動作是，設定目標。

目標是你想要在某個特定時間點達成的事件或成就。如果你連自己想要的目標都不確定，你就很難知道自己應該要往哪個方向走，有沒有走對方向，有沒有做對事情。更重要的是，因為沒有特定的目標，所有的行動都可以說停就停，反正也沒人會知道或在意。

目標會不會改變？當然會！

就像我們選擇對象一樣，年輕的時候想找個外型俊俏的，年紀大一些後，要求對象的條件就變成是彼此要有一定共識，可以一起生活的另一半。以感情為例，女孩們總愛說：「我要嫁給好老公！」但好老公的定義是什麼？是對你好？怎樣叫做好？是讓你財務上無憂？時常帶你出去散心？多花點時間跟你

相處？還是送上一個大大的美鑽？相信我，每個人對好老公的定義絕對不同。

如果你連自己對另一半的要求都不明確，當你在寂寞或空虛的時候，眼前突然出現一個人，雖然他不是你要的對象，你卻可能因為對方的某種特質而陷入了這段關係。或許這樣也沒什麼不好，但往往發現在這樣狀況下的你，好像還是一直期待著心中的那個人出現，對於身邊的他總覺得有那麼一點不滿足。當有一天心中的那個理想對象出現時，你卻因為深陷在一段關係中，因而錯失了這個機會。

所以，第一個要講的就是，設定目標有一定的重要性。

**目標越明確就越容易達成夢想！**

哈佛大學在 1979 年曾對商學院 MBA 的學生做了一項調查，去瞭解有多少人對未來設定出明確的目標。

當時研究結果發現：

84％沒有明確目標。

13％有明確目標，但沒有寫下來。

3％有明確目標，並詳細寫下執行計畫。

　　10 年後哈佛大學追蹤這群學生發現，那群 13％有明確目標卻沒寫下來的學生，工作收入比沒有明確目標也沒寫下來的人平均高 2 倍。

　　那群 3％有明確目標且詳細寫下執行計畫的學生，後來工作收入比沒有明確目標也沒寫下來的人平均高 10 倍！

　　「沒想到差這麼多，我也要趕快設定目標了！但，維妮，我要怎麼開始呢？」雨燕說。

　　「讓我跟你分享『SMART 設定目標法』。SMART 目標是將目標有效率跟細節化，讓你的目標更具體。記得剛剛說的，越具體越明確的目標，越容易幫助達成你的夢想！」我說。

　　SMART 每個字母都代表不同的意義：

- **Specific 明確的——目標需要明確**
　　一開始就要清楚界定人、事、時、地、物等等目標細節，越明確越好。包括某某人要在什麼時間點，以什麼標準達成怎樣的結果。舉例來說，減重是許多人愛喊的目標，但光喊著要減重，是沒有辦法達到減重的結果的。若能設定目標，好比說

三個月內要減輕五公斤，這就比較明確。以理財來說，「我要賺錢。」這句話很不明確，但若說我三年內銀行戶頭要存夠兩百萬元，這就比較明確。

· Measurable 可衡量的——目標是可以衡量的

目標一定要量化，例如前面說的三個月減五公斤、三年內存兩百萬元，這都是量化。所謂量化，不一定要有單位，但是一定要有數字。

例如半年內業績提升 30％，或者明年此時我們公司的產品市占率要超過一半……等等，有個可衡量的數據，就可以依照這個數據反推回來，我們應該做什麼事來達成這個數據。

· Achievable 可達到的——目標是可以達成的

如果訂定的目標太遙不可及，那就等於沒訂目標。好比說，有人喊著明年我要賺一億元，但他現在根本連工作都還沒著落，不是說不可能，但達成機率真的太小了。

目標太大，只會帶給自己太大的壓力，到最後乾脆放棄。我們訂目標時不要太苛責自己，重點是要讓自己有個可達到的目標，作為你每天努力的動力。

- **Realistic 實際的——目標是實際的**

請記住，目標是訂給自己的，不是為了交作業或表現給誰看。如果訂的目標只是口號響亮，但不符合現實，甚至和你本身的意願不相契合，這樣的目標是沒有意義的。

假定你評估經濟上的需求，希望收入提升 25％，目標出來了，如何「實際化」呢？你可以依照自身現有的經濟狀況衡量，剛剛的例子希望提高目前收入，這可能來自於增加兼職、轉換工作、晉升主管或有效投資等等。每個人情況不同，就算是目標都是提升 25％，不同人的目標設定還是會不同。

- **Timely 有時間表的——目標是有時間表的**

這個步驟非常重要，前面做了種種目標設定，但最後這一步驟沒做好，就不可能實現。好比說三個月要減五公斤，那麼一定不是在最後一天一口氣減五公斤。

同樣的，三年要存兩百萬元，那麼倒推來算，一年要存多少呢？一個月要存多少呢？都應該有個時間表。只要依照這樣的時間表來做，時時檢核，最終就可以達到目標。

在設定目標跟付諸行動的過程中，很有可能會發生挫折或阻力，這些都是正常的。當你在設定目標的時候，如果想到任

何預期中的挫折就順便寫下來，並且花時間想一下解決方法。

　　「SMART 目標可以放在生活的任何一個層面上，我覺得以你目前的狀況，可能要花點時間思考一下，自己想要什麼跟想要達到的目標。你如果不知道自己想要什麼，有可能是因為刺激不夠，你可以透過跟其他人談話、閱讀、網路資訊或旅行來刺激自己觀感。你雖然說要改變，如果你所認知的都還是在你現有的環境當中，那要改變什麼或改變成什麼，可能就很難想像，所以就多多接觸外面的世界吧！」我說。

　　「好的，維妮！雖然我的個性有點害羞，但我想既然要改變就必須要踏出這一步，多多接觸外界，並開始思考我的SMART 目標。」雨燕說。

---

**我的 SMART 目標是……**

## 約會 *05*

# 相信自己，全宇宙的力量都將為你開放

　　認識 Natalie 是 20 多年前的事了，還記得兩人青澀的學生模樣，補習班下課後一起在後火車站吃滷味，分享這段時間在 ICRT 聽到的西洋歌曲，並討論著對未來的遠大夢想。畢業後兩人各奔東西，剛開始的聯繫還很熱絡，但漸漸的就從彼此的生活中消失。

　　人生中有很多地方都需要我們好好經營，包括人與人之間的關係，但我們往往卻因為生活瑣事或有限的時間，而將彼此遺忘了。

　　回臺之前，突然又想起了這段往事，決定寫封 E-mail 給 Natalie。在往返的 E-mail 得知，Natalie 目前在一家外商公司工作，由於表現亮眼跟強烈的責任感，這幾年受到上司賞識，

晉升為公司的行銷經理。不過,在長期高壓跟三餐不正常的環境下工作,Natalie 的健康開始亮起紅燈。

「這個週末就來小木屋找我吧!」我說。

Natalie 二話不說的答應了。

好友雖然久未謀面,但一見面時就有聊不完的話,像是從來都沒有分開過一樣。在 Natalie 整理行李時,我幫彼此倒了杯紅酒。

Natalie 細數這幾年的生活。自從父親過世後,她就跟媽媽相依為命,幾年前媽媽被診斷出癌症,開始接受化療。除了平日的工作量,大筆的醫療費用跟照顧媽媽的精神壓力,多重的壓力讓她時常喘不過氣來。然而不管怎麼努力,媽媽最後還是不敵病魔,在幾個月前過世了。

「維妮,過去我總覺得女性在職場上,一定要比別人更認真、更努力,這樣才有晉升的機會。尤其在外商公司工作,一切都得看績效表現,雖然福利好,但壓力也相對大。所以之前一有機會,想也沒想就會犒賞自己吃頓美食,或帶著媽媽到附近國家旅行。但這幾年,看媽媽病痛纏身,再加上自己也沒把自己照顧好,突然懷疑這真的是我要的人生嗎?」

「之前媽媽生病的時候，希望給媽媽最好的醫療照顧，所以就把這幾年的積蓄都花光了。媽媽過世後，還好有媽媽的保險理賠金，讓我有機會把房子貸款還清，但同時發現戶頭裡的存款所剩不多，一切又得歸零從頭開始。失去媽媽不只讓我覺得人生失去重心，現在的狀況也讓我覺得好失落喔！接下來該怎麼做，我完全失去方向。」Natalie 說。

我上前去給 Natalie 一個大大的擁抱。

「好險有媽媽的那張保單，至少讓你不用再為貸款煩惱。我常說，並不是所有人都需要保險，但當事情發生時，你沒有其他選擇，平常也沒有幫自己築好安全網（safety net），那你就真的要認真考慮保險的重要性了。」

「我覺得這次的度假對你是必要的，不管時間長短，不管地點在哪，至少你讓自己有機會去聆聽內心的聲音。人在茫然或驚慌的時候，做出的決定往往都不會是太好的，因為你並未處於一個身心靈健康的狀態。所以，當我們碰到生活中的不順遂時，最重要的是要放下腳步，相信自己，重新跟自己交朋友。」我說。

「重新跟自己交朋友！我喜歡這個論點，我想我從來都沒有認真跟自己交朋友過，導致我的自信都來自於他人，像是照

顧媽媽，或是從工作上得到肯定。當媽媽過世後，我的工作表現也受影響，覺得自己更需要拚命的埋在工作中，然而，突然間我也開始懷疑自己，更不用說相信自己了。所以現在雖然提到投資理財，老實說，這是我從來都沒有想過或做過的事，真的會質疑自己的能力。」Natalie 說。

「Natalie，你就別太自責或逼自己太緊了，對於理財，你質疑自己的能力是可以理解的，畢竟這是你不熟悉也沒有做過的事。你有看過小嬰兒一出生就會走路嗎？所有技能都是要靠不斷的經驗累積而成的。」我說。

我們其實是自己最好的朋友，也是最大的敵人，你可以善待自己，也可以是自己最大的批判家。生命中總有短暫的過客或一輩子的家人朋友，但是你才是那個陪伴自己走過精采人生的人。

認識自己跟相信自己，是我們都應該學習的課題。我從很多年前就開始研究自己，並常常注意傾聽自己的聲音，必須說，我還在學習，但是這個過程中讓我更尊重自己。

理財方面也是一樣，如果你對自己有負面的想法，就沒有辦法用 100％正面的心去對待自己。如果你覺得自己一定沒有

辦法完成，你的潛意識就會像啦啦隊一樣搧風點火的跟你說：
「你一定不可能達成。」反觀如果你相信自己的能力，你的潛
意識也會努力的幫助你，達到你想要的境界。

「你有什麼建議嗎，維妮？」Natalie 問。
「先幫自己打氣！這幾年學會幾個小動作，讓自己對自己
比較有信心，你也可以試試。」
我們就用理財來說：

### ・ 第一步：列出你曾經做過的豐功偉業

像我在過去的這段時間有能力存了一筆錢，像我用自己的
積蓄跟收入可以負擔媽媽的醫療費，不需要貸款，像我之前有
能力每年帶媽媽出遊玩。在這裡，數字並不重要，重要的是你
在肯定你自己的能力。

### ・ 第二步：設定一些小目標或新習慣

設定的目標跟習慣要有一點挑戰性，但又不需要把自己逼
得太緊。就理財方面，你可以設定小目標，像是在這個禮拜把
預算清單列出，或是把每一筆收入的 5％ 存下來，這階段其實

是透過達到目標的小成就，慢慢增加自己的自信。

### · 第三步：接受你可能不知道所有的事

世界之大，我們不可能知道所有的知識或資訊，但有些人就會責備自己：「因為我沒能力，因為我不夠聰明。」久而久之，對自己的信心就會大打折扣。

但每個人不會無所不知，尤其是對新的領域，不知道是很正常的，既然如此，就欣然接受這個事實，同時鼓勵自己去收集或獲取相關資料。現在網路發達，坊間也有很多書籍可以參考，還有一些免費或付費的講座，尤其是理財方面的講座都可以參加，就去虛心學習吧！

### · 第四步：持之以恆

金字塔不是一日建造完成的，所有的事情都需要我們不停的努力、不停的嘗試，三分鐘熱度不只無法讓我們完成所要做的事，更會讓我們在當下更加質疑自己。

在這個過程中，當你開始慢慢相信自己，你就已經在釋放正面能量給自己了。這時候，如果再多加接下來的幾個動作就更有力了！

「什麼動作呢？」Natalie 問。

「把這個正面的能量跟想要達到的目標，時時帶在身邊，不管是寫下來還是記在手機裡。時時感覺你想要的結果，像是你想要得到財務自由，或你希望對自己的財務狀況感到滿意，然後釋放能量到小宇宙，接下來就讓宇宙裡的能量來幫你一起達成目標吧！」我說。

「這是不是就是很多人在提的吸引力法則？」Natalie 問。

"Thoughts become things." 想法成事實，我們就像磁鐵一樣，會吸引我們心裡所想的事物，因為宇宙間所有的人、事、物跟想法就是能量，能量就是量原子，而量原子會互相吸引、互相聚集。所以當你釋放能量在某個領域或焦點時，其他量原子也會附著過來，這就是吸引力。

理解這個道理後，平常就更應該注意我們的想法跟感覺，並保持正面的想法。因為我們的想法就是能量，而能量就是量原子，量原子就會去吸引其他能量過來。

鐵娘子柴契爾夫人就瞭解這個道理並曾說：

注意你所想的，因為它會變成你嘴裡的話。

注意你所說的，因為它會變成實際的行動。

注意你的行動，因為它會變成你的習慣。

注意你的習慣，因為它會變成你的人格特質。

注意你的人格特質，因為它會變成你的命運。

「如果這樣，我真的要好好的觀察跟注意我的想法了。」
Natalie 說。

「好啦！這兩天就好好休息吧！明天我們到附近的湖邊走
走，有興趣的話，還可以一起在湖邊靜坐冥想。」我說。

「聽起來不錯喔！就這麼說定了。看來我這次選擇度假是
對的，除了跟你好好敘舊之外，也讓我學習如何相信自己。」
Natalie 說。

當你開始相信自己，你就已經在釋放正面能量給自己了。

你今天相信自己了嗎？記得，釋放能量到小宇宙，讓宇宙
裡的能量幫你一起完成目標！

## 約會 06

# 冥想與感恩──與全世界相對微笑

　　一早，我跟 Natalie 兩人沿著河邊享受著晨間漫步的悠閒。

　　「這裡的環境真好，連我這樣常失眠的人都一覺到天亮，醒來後整個人都舒活起來了！」Natalie 邊伸懶腰邊說。

　　「對啊！這次回來發現臺灣到處是美景，我們真的太幸運了！」我說。

　　「維妮，我知道你現在在澳洲過得很好，但昨天你隱約提到在去澳洲前，也碰到一些財務問題跟人生課題。」Natalie 說。

　　「是的，我在去澳洲定居之前，因為經商失敗而負債累累，那段時間，每個月都要想辦法湊出 7 到 9 萬元繳交給所有的債權人。為了還債，我沒日沒夜的工作，只希望能在最短的時間內把所有的債務還清。」

「不過再怎麼意志堅定，畢竟我們也是人，也會有脆弱或消沉的時候。像這樣的狀況，沒有經歷過的人是很難想像的。即使旁人想幫你，也不知道從何幫起，而看你過得這麼辛苦，他們也覺得很心疼。我剛開始還會跟身邊的家人或朋友分享我心裡的苦，後來發現這樣反而會讓他們更擔心，就慢慢的把難過往肚裡吞。」

「然而，負面情緒是很可怕的東西，你越是把負面情緒放在心裡，就越容易生病。在這樣的狀況下，我開始有神經失調的問題，時常感覺呼吸困難、腰痠背痛、腸胃不舒服、胃酸逆流，晚上翻來覆去睡不著，伴隨著莫名的頭痛，我還因此去看醫生，後來才知道這些症狀都是壓力所造成的。看著滿手的藥包，我當下決定，與其一輩子都都要把藥當飯吃，我必須要改變自己。」我說。

「你剛剛講的症狀我好像都有耶！我之前也是去看醫生，想說要開始調一下身體了，你說這些都有可能是壓力造成的？」Natalie 說。

「非常有可能，但你還是得請教專業醫師，畢竟每個人的身體狀況不同，千萬不要忽視身體給我們的警訊。如果我們的健康常出現問題，是身體試圖告訴我們，它已經吃不消了，這

樣的狀況不能再持續下去了，你應該做一些改變了。意識到這
樣的狀況後，我開始每天實行三個習慣。」我說。

「哪三個習慣呢？說不定我也可以試試看！」Natalie 問。

「運動、靜坐冥想，跟時時抱著感恩的心。」我說。

「運動我可以理解，我之前看報導說運動時釋放的腦內啡
（Endorphines），是體內自製的嗎啡，不只有止痛的作用，
也可以讓人快樂。所以我最近想要開始上健身房，去跑跑步或
上一些團體課程。」

「但靜坐冥想跟感恩又有什麼幫助呢？老實說，我一直以
為冥想是上了年紀的人或在修行的人才做的事。之前上瑜伽課
時，老師會在課前 10 分鐘做靜坐冥想，才發現真的要放空靜
心是件多麼有挑戰的事情。」Natalie 說。

靜坐冥想跟感恩的好處可多了，先說靜坐冥想好了，過去
二、三十年科學家研究，冥想可以幫我們達到身心靈的平衡跟
更好的生活品質。

把靜坐冥想帶入日常生活裡，可以幫助我們：

- 降低血壓

- 預防中風跟心臟病

- 提高智商並增加學業跟工作表現

- 促進新陳代謝

- 降低憂鬱症或焦慮症的產生

- 幫助定心，提高注意力

- 增加財富

- 減肥

- 降低疼痛

- 減緩失智現象

- 減少社會的犯罪率……

「冥想可以增加財富又可以減肥？我今天真的要來試試了。」Natalie 說。

「是啊！靜坐冥想不花你一毛錢，功效卻那麼大，我覺得每個人都應該要試試看，很多國內外名人也都很倡導靜坐冥想。」我說。

「要怎麼開始呢？」我跟 Natalie 走到湖邊，Natalie 問。

「每天花 10 到 15 分鐘靜坐冥想，一天也不要超過 2 次，不需要多，我們講求的是重質不重量。研究發現早上坐著靜坐最有效果，我自己試過了，真的發現比晚上躺著冥想還好。Natalie，我們一起來試試。」我說。

· **第一步：在冥想前，你要明確想著冥想的目的**

　　不管是想要富裕的人生或是要快速還債，重點是你要有明確的目的。

· **第二步：找個舒服的姿勢**

　　不管是坐在椅子上或是盤腿，沒有特定的姿勢，只要自己舒服就好了。

· **第三步：慢慢調整呼吸並專注在呼吸上**

　　用鼻子邊吸氣邊在心裡數到 5，把氣吸到你的肚子，hold 住 3 秒，然後慢慢的從嘴巴吐出，也是一樣在心裡數到 5。這樣吸氣吐氣幾次，直到感覺整個人穩定下來為止。

- **第四步：開始倒數**

　　從 5 數到 1，每次倒數就允許自己進入更深的潛意識裡。數到 1 後，想像自己到一個最喜歡的地方，但一定是在大自然裡，不管是在森林、草原或海邊。這個 happy place，可以是你曾經去過的地方或是憑空想像，但這是只屬於你的空間，你在這兒可以感到完全的安全感跟舒適感。

　　仔細環視四周，觀察你所看到的事物，接著去傾聽，你聽到什麼聲音？蟲鳴鳥叫、流水聲，還是海浪拍打的聲音？你聞到什麼味道？剛下過雨後的大地味？海水的鹹濕味？接下來去觸摸，你摸到什麼？

　　將自己安頓在這個 happy place 後，想像著你想要達到的目的，不管是賺更多的錢、有更多的房地產，或是還清債務。想像你達到目的時的感覺，你感到開心嗎？感到滿足？感到快樂？感到如釋重負？認真的感覺你當下的喜悅感，讓自己在那樣的狀況逗留一段時間。

- **第五步：慢慢的帶自己回來**

　　開始從 1 數到 5，每次數就讓自己一點一點回到自己的身體，數到 5 時，深呼吸一口氣後慢慢將眼睛睜開。

「感覺如何？」我轉過頭去問 Natalie。

「感覺除了心情沉穩之外，那個滿足愉快的感覺還在我內心飄盪。我覺得整個身體都在呼吸，好像重生了一樣，很神奇的感覺！」Natalie 認真的感受著。

「你真的應該考慮把冥想放入你的日常生活中。」我說。

「我也這麼覺得。」Natalie 說。

「另一個超重要的習慣就是感恩。我們活在一個重視物質又愛與別人比較的年代，什麼都要最好、最新、最快，什麼都要比別人強。長期在這樣的環境下生活，大部分的人都變得比較自我，缺乏對事情的感動，也無法享受生活中簡單的樂趣，還增加了莫名的競爭感，最終造成負面情緒孳生。這些都是可以用一個簡單的動作改變，那就是感恩。」我說。

感恩並不是只有在感恩節或過年的時候才需要，時時保持感恩的心其實是一個非常有力的工具。

感恩可以幫助我們：

- 吸引更多的機會跟擁有良好的關係
- 達到身心靈健康

- 改善睡眠品質

- 變得更有自信

- 吸引更多的財富

跟冥想一樣，感恩並不需要花一毛錢，卻有很好的功效。不要把感恩變成例行公事，然後沒有感情地說謝謝老師、謝謝爸媽、謝謝誰誰誰，謝什麼？為什麼要謝他們？這些細節都應該好好想過。

不管你用寫的或閉上眼認真思考，什麼方法都好，你可以從每天晚上想三件今天發生的事情開始，像是：

- 謝謝宇宙讓我有這個機會，在這裡分享我對理財跟生活的熱情，並有機會幫助更多人釐清理財的迷思。

- 謝謝正在閱讀的你，從浩瀚的書堆中選擇這本書閱讀。

- 謝謝自己正確的理財觀，讓我現在可以在年輕時享受短暫退休生活。

- 謝謝先生每天一早幫我泡咖啡，讓我有個充滿朝氣的開始。

- 謝謝義大利媽媽每個禮拜來家裡打掃，讓家裡保持一

塵不染。

- 謝謝爸媽身體健康，讓我無後顧之憂的在外地生活。

「如果能夠把運動、冥想、感恩跟想像法（visualization）一起練習，你會發現人生真的會從黑白變彩色，並幫助你度過許多漫長夜晚。很多朋友問我，難道我都一直那麼開心嗎？當然不是，但這都是可以學習改變的。」

「當你常做這些練習並時時提醒自己，它就變成一個自然反應。產生自然反應後，就代表它已經植入到你的系統裡，你就會不知不覺的開心起來。像是微笑，當你嘴角上揚，我們心情就自然而然變好，但當你的嘴角垮下來，你的心情馬上就跟著向下掉。」我說。

「真的耶！我發現剛剛嘴角上揚時，整個人的心情馬上都變好了，呼吸也變得順暢了。沒想到只是一個小小的動作，就可以改變我們的心情跟看待事情的態度，我一定要把這兩天學的動作放入日常生活當中。」

「這個週末我學到了不少，除了心情比較穩定外，也比較有目標了，真是太開心了！維妮，等你幾個禮拜後回北部，我們再相約敘舊。」Natalie 說。

「那有什麼問題，走吧！太陽越來越烈了，我們也該回去了。」我說。

謝謝我的小宇宙讓我們有機會在這樣明媚的陽光下散步！
你今天運動、冥想或感恩了嗎？

## 約會 *07*
# 與對的人同行——找到成長路上的旅伴

幾天前在市區閒晃時，在巷弄間發現一間 Jazz Bar，外牆被綠葉圖騰圍繞，內部裝修簡單但很有個性。聽說老闆之前待在國外，因為迷上了爵士即興演奏，回來臺灣後，就在故鄉跟幾個志同道合的朋友開了這家 Jazz Bar。這裡不僅變成樂手、藝術家及音樂愛好者的聚集地，每週四、五晚上也有機會聽到樂手的即興表演。

趁著下午剛開門沒什麼人，我走進這家 Jazz Bar 坐在吧檯，簡單的跟調酒師閒聊並點了杯紅酒。屋裡放著軟性的爵士樂，剛好適合今天這樣的午後，陽光從落地窗射入，我拿出我的小筆記本，開始隨興寫作塗鴉！

看來，我不是唯一一個選在冷門時間來的人。一位留著小

落腮鬍、穿著很有品味的年輕人走進來，並直接朝吧檯前進。聽他跟調酒師的對談，感覺應該是這裡的常客。

在調酒師忙著招呼其他客人時，這位年輕人 Troy 跟我這兩個唯二坐在吧檯的客人就聊了起來。Troy 白天在一家光電公司當設備業務經理，晚上則喜歡跟幾個朋友玩音樂，今天提早結束拜訪客戶的行程，就來這兒休息一下。

「維妮是做什麼的？怎麼可以那麼悠閒？」Troy 問。

「我做理財規畫的，這段時間趁工作之餘給自己放個大假，回臺灣走走。」我回答。

「講到理財規畫，我想請問一下你的意見。這幾年我和我女友的家人開始催婚，要我們趕快成家，買個房子穩定下來。老實說，我有點害怕，並不是怕結婚這件事，因為我和我女友已經認定彼此了。怕的是，我看很多朋友買了房子後就變成屋奴，大部分薪水都貢獻到房貸去了，而我跟我女友還希望趁年輕的時候多出去走走，到國外旅行。說音樂、談光電設備我很懂，但是只要提到理財或買房，我就是門外漢了。」Troy 說。

「出去走走，拓展眼界是有必要性的。我瞭解你的感受，有時候生活周遭或大環境會給我們一些思想的制約，認為我們

就應該要這樣做、那樣想，但我們內心卻有個小小的質疑，不滿足現況，希望過得更好。很多人有跟你一樣的想法，這並不是過更好或更不好生活的問題，而是過自己想要過的生活。」

「如果真要給你建議，我想你現在該做的，是去找到對的人，找有相同想法的朋友一起努力，就像你喜歡音樂，你就會去找對音樂志同道合的朋友。同樣道理，當我們無法改變大環境時，至少我們可以改變我們周遭的小環境，那就是身邊的人、事、物。我們都是自己的主人，可以選擇接受或控制自己的人生，就看你選擇哪個方向。」我說。

「我要去哪裡找這些人呢？」Troy 問。

「很簡單，就像你在音樂的路上選擇志同道合的朋友一樣。」我說。

## ・ 第一、慎選你身邊的人

我們的行為跟想法往往會受周遭人影響，形成我們的人際圈，所以我們會說，誰跟誰有夫妻臉，或這群朋友言語行為都一樣，那是因為我們會互相影響。

在職場上我們有小團體，有人會互相激勵，彼此一起努力，一起想點子改善做事效率；也有人會群聚一起，討論晚上

聚會，或要去哪裡排隊嚐鮮；更有些人會花時間道人長短聊八卦。我有一群同事，平常會互相通電話聊是非，他們專注的是工作讓他們有多累、公司政策有多沒人性、他們感到無比的壓力，然後互相諷刺挖苦來減緩對於現況的不滿。你可以想像他們在工作的表現，或對工作的滿意度一定不高。

反觀另一個團體，他們談的是對市場的觀察、他們的計畫跟策略。當然，越是把精力花在與有共同理念的人相處，並討論如何提高效率，最終的成果就越好。

生活或理財其實是一樣的。如果你想要改變現狀，卻對現狀感到滿足（這並沒有不好），或是雖不滿意卻不願做任何改變，然後成天跟愛抱怨的人在一起，是不會有什麼幫助的。

我們在生活中，依賴我們身邊的朋友，分享我們的喜樂、成功跟挑戰，所以找到對的團體或對象，相對顯得非常重要。這裡說的「對的人」，並不是要高攀或是要歧視他人，而是找到跟自己想法理念相近、跟自己契合的朋友，可以互相學習、互相鼓勵、互相督促的朋友。

有人會說：「沒辦法，我身邊沒有像這樣的朋友，我家人反對，環境很負面。」

如果身邊沒有這樣的環境，就去創造自己的環境吧！

有人會說，自己不被瞭解、不被接受，其實其他人不瞭解你是正常的，因為他們已經習慣自己的思維，並將他們的想法跟預期加諸在你身上，當他們發現你的表現與他們的預期不同，就是不瞭解你。但那是他們的想法跟預期，並不是你的。

有人會說，我沒有時間。我可以告訴你，你越覺得沒有時間，就會越沒有時間。有一本理財暢銷書《有錢人跟你想的不一樣》，其中一個道理是，成功的人專注的是他的時間，在乎的是最終價值的滿足感。

人人生而平等，一天都只有 24 小時，因為時間寶貴，成功人只做最有效益的事。他們討論的多半是如何自我提升、如何改變現狀、互相交流，而不是閒聊他人是非。

你可以選擇用同樣的時間學習，找對的人分享你的想法；或是選擇不在乎時間，只追求媒體報導的小確幸，哪裡便宜哪裡跑。

· **第二、參加社團**

不管是在實際生活或虛擬網路世界，如果你發現身邊沒有可以學習或互相成長的對象，就去加入社團吧！像扶輪社或志同道合的團體（如：meetup.com），能多接觸一些人或學習一

些新的技能都很好，如果還是找不到，就創造自己的團體吧！

## ‧ 第三、跟書做朋友

閱讀是一個很棒的方法，在閱讀中，你獲得的是作者的精髓跟畢生所學，很多成功人士或大師都不吝分享他們在某個領域的成功方法，就去學習吧！

在理財上，幾本很有名的著作影響了很多人，包括我自己，有空的時候就去翻翻吧！

- 《思考致富》（*Think and grow rich*）──拿破崙‧希爾（Napolean Hill）

- 《金錢：掌控遊戲》（*Money：Master the game*）──東尼‧羅賓斯（Tony Robins）

- 《有錢人想的跟你不一樣》（*Secrets of the millionaire mind*）──哈福‧艾克（T.Harv Eker）

- 《富爸爸窮爸爸》（*Rich dad and Poor dad*）──羅勃特‧T‧清崎（Robert T.Kiyosaki）

- 《下個富翁就是你》（*Millionaire next door*）──湯瑪斯‧史丹利、威廉‧丹寇（Stanley, Thomas J./ Danko, William D.）

「愛因斯坦曾說，做同樣的事情卻預期不同的結果，這是個瘋狂的想法。（Insanity is doing the same thing over and over again but expecting different result.）讓自己環繞在對的人身邊，盡量去學習去改變吧！」我說。

「說得有理而且不難做到，我今天就去找你提到的那幾本書買來閱讀，讓自己環繞在對的環境裡。對了！維妮，你這兩天還會過來嗎？我有一個開個人工作室的朋友，這兩天會過來找我，我們前一陣子才在聊理財的話題，說不定你也可以跟我們分享一下。」Troy 說。

「沒問題！那我們就過兩天見。」我跟 Troy 互留聯絡電話，相約下次相見。

約會 *08*

### 與財務談一場好戀愛——建立自己的專業團隊，找到自我的心靈導師

　　晚上接到 Troy 的簡訊，約我星期四到 Jazz bar 去看他跟幾個朋友即興演奏，順便介紹那天提到開個人工作室的朋友 Dianne 給我認識。

　　Jazz Bar 的空間不大，所以觀眾離舞臺的距離很近，小小的舞臺上擠著 4 位樂手，1 個琴手、1 個吉他手、1 個薩克斯風手跟 1 個鼓手，看每個樂手一起合奏，又互相較勁來場個人獨奏，真的很精采。中場休息時間，Troy 走下臺跟我打招呼，並跟一位坐在吧檯的女子揮手示意。

　　「Troy，想不到你鼓打得那麼好，我真是佩服得五體投地！」我說。

「謝謝，跟幾個朋友一起來一段 Jam session (註1) 是最有趣也最有挑戰的事了。對了，維妮，這位是我那天跟你提到開個人工作室的朋友 Dianne。Dianne，這位是維妮，維妮是做理財規畫的。我那天跟維妮提到我們之前在聊關於一些理財的事，想說剛好你來，我們可以互相交流一下。」Troy 說。

Dianne 告訴我，她成立這家個人工作室已經有 3 年時間了，主要是接一些國內外的文案設計。目前有請幾位兼職跟工讀生，雖然生意穩定，但為了節省成本，大部分重要的工作還是自己來。

「維妮，這幾年看到戶頭裡開始有些盈餘了，很替自己開心，但也自覺年紀不小，真的要好好處理一下自己的財務，總不能一輩子做工吧！尤其是自己的工作室，如果財務不管好，老了就得喝西北風了。我現在才開始會不會太晚起步了？你有什麼建議嗎？」Dianne 說。

「的確，自己創業的人大多有遠大的夢想，也容易將時間完全專注在自己的事業上，而忽略了自身的財務狀況，如果沒有打理好財務，之後真的會很辛苦。至少你現在有這個認知，想要開始理財，"It is never too late."，學習永遠不嫌遲，任何時機點開始學習都是好時機！」我說。

學習理財可以分成三部分：學習可以賺錢的知識（財商）、組織自己的賺錢團隊、找到自己的導師（mentor）跟教練（coach）。

## 一、學習可以賺錢的知識（財商）

　　財商是一種理財能力，增加自己對市場的敏銳度以及對投資的判斷力，但這並不是要硬性規定你每天盯數據或線性圖。

　　賺錢的知識可以分成三類：政府法令措施、簡單會計稅務機制及個人理財觀念。

　　政府法令措施影響到我們整體國家表現跟個人利益，它也會直接影響到我們的投資結果。就像是澳洲的法令時常改變，尤其對於退休金的投資，這就會影響到很多人。前一陣子剛施行的政策是，年輕人可以多存一些錢到自己的退休帳戶，到了2018年之後，就可以把這些錢拿出一部分來買自己的首購房，這樣幫很多人節省了很多的時間跟稅務程序。

　　很多政策在改變的時候，之前的政策就變成過去的政策，端看這個國家的政府如何處理。像在澳洲，如果推出新的政策，原本的理財方案會依照舊有的政策執行，新的投資跟新的安排就會是照新的政策走。而臺灣這幾年因為新的打房措施，

便影響了房市的表現及個人的投資結果，因此，瞭解政府法令措施是有必要性的。

　　一般的會計稅務機制能夠讓我們知道公民的責任跟義務，讓我們知道目前的所得跟投資收入應該要繳多少稅，有沒有什麼省稅或免稅的方式，我們在生活中是否有什麼福利可以申請，當然另一個好處幫助你做預算管理，算出這一年大概要放多少錢在旁邊，以便在繳稅時期有足夠的資金繳付。

## 退休金課稅大不同

| 種類 | 請領方式 | 是否課稅 |
|---|---|---|
| 老人年金 | 每月 3000 元 | 全額免稅 |
| 勞保老年給付 | 一次領取 | 全額免稅 |
| 勞工退休金 | 一次領取 | 全額免稅：<br>退休金總額＜服務年資 X 15.6 萬元<br>半數課稅：<br>服務年資 X 31.2 萬元＞退休金總額＞服務年資 X 15.6 萬元<br>全數課稅：<br>退休金總額＞服務年資 X 31.2 萬元 |
| | 分期領取 | 全年領取總額─67.6 萬元需課稅 |

此表格為臺灣現階段勞工退休金制度，資料參考臺灣勞工保險局網站。
不同國家有不同的退休金機制，請參考各國退休金法令相關網站。

就個人財務的部分，你應該先瞭解自己目前的財務狀況，進而去研究什麼樣的理財方式是適合自己的。太多人看到其他人在某個投資賺大錢而一味跟風，如果你有興趣那不打緊，但很多人是選擇了不適合自己的財務工具，以致影響到整體的投資表現，甚至是自己的身心靈健康。

所以，試著去瞭解國家政策法規，簡單會計稅務及個人理財，是我們每個人都應該要做的事。這些知識雖然有點生硬，但其實坊間有很多人已經把這些知識簡單化，可以去找自己看得下去的書籍或 YouTube 影片。

我喜歡看 YouTube 的影片，因為我發現很多短篇影片既有趣又容易理解。這個階段不要找一些自己根本就聽不下去或看不下去的資料，這樣只會把自己用力推開，離理財更遠。


「YouTube 影片這個方法可行，我剛剛還想說是不是要到書局去搬很多書來看，但又怕自己買了也看不懂，如果是看 YouTube 的影片應該沒有問題。」Dianne 說。

## 二、組織自己的賺錢團隊

所謂賺錢團隊，就是團隊中的每個成員跟角色都各司其職，各有自己的領域專長，他們唯一的目的就是要幫助你賺錢，達到你的財務目標。

自己創業的人更是需要一個團隊來幫忙，原因很簡單，創業的人將 24 小時都貢獻在事業上。如果是一個人的事業，就必須要負責所有事情；如果有員工，雖然有一些事情是可以分工的，但同時也有了更多的責任。在這樣的狀況下，創業者哪來多餘的精力跟時間瞭解自己的財務？

所以如果你也是這樣的狀況，就更應該跟各領域的專家合作，這些人包含律師、會計師以及財務規畫師。在理財工具方面，你也可以跟一些專員合作，像銀行貸款人員、房仲、股票交易人員等。

- 律師

律師最主要的功能是在保護你以及家人的資產，守護你的信用。尤其在遺囑管理上，律師的協助是不可或缺的。

- 會計師

　　會計師是幫你用合法的方式節稅的重要角色。稅是死的，付了就沒了，所以省稅也是一種「賺錢」的方法。會計師可以協助你設定資產架構，不論是掛在你的名下、聯名投資、家庭信託或其他類型信託，甚至申請公司名義等。重點是，對的架構能夠讓你省稅，達到資產最大化。

- 財務規畫師

　　財務規畫師幫助你瞭解投資的原因跟設定計畫，選擇適合的投資物件跟工具，並有效的累積財富。每個人的投資時間跟目的不同，例如一個想創業的年輕人，跟一個準備退休的公務員，設定的「目標」絕對不一樣，專業的財務規畫師必須因應不同的對象，提出量身訂做的投資方案。

　　這三位專業人士互相牽制，互相合作。當你要創業時，最需要的是會計師瞭解你的狀況，幫你設置最有效的事業架構，讓你的收入達到合法的節稅方式。同時會計師應該要跟律師討論公司的架設，是否對當事人最有力，最能夠保護你跟你家人權益。

當你有資產跟收入後，你需要跟財務規畫師討論你的短中長期計畫，透過計畫選擇對的投資工具，像是教育基金、養老金。同時要把投資放在哪個架構下，這是財務規畫師應該跟會計師討論的。要投資什麼，是財務規畫師的責任不是會計師的。同樣的，財務規畫師會跟客戶討論節稅的基本概念，但稅的部分是會計師的職責。

當一個人打算要保障自己的權利或是受益人的資產時，這是財務規畫師跟律師的工作。財務規畫師懂得在市場中，哪些投資是納入遺囑，哪些是直接授與，尤其是現在常見第二春、第三春的現象，這是財務規畫師應該要跟律師討論的。

這邊要提醒的一點，在選擇專業人士時，必須選擇有受法令約束，並以客戶的最大利益為初衷的專業人士，才能保障你自身的權利。

一般像我們這樣的小市民，沒事的時候也是需要跟這些人交手一下。原因是我們都是受一樣的法令、一樣的稅務制度、一樣的財務工具約束，雖然沒有像創業者那麼複雜，因為他們是用公司、信託或其他實體類型，達到合法節稅跟保障財務，但一般的人還是需要有專人幫忙，達到合法節稅最大化跟保障自己跟家人的權益。就像我們剛說的，律師可以幫助你瞭解法

規，會計師可以幫助你瞭解稅務，財務規畫師可以幫助你瞭解個人財務。

你跟財務的關係就像交朋友一樣，你花越多的心思去瞭解財富，你就跟財富的關係越好。你越是對它感到害怕或有負面情緒，就越會想逃避。

就像你想跟某人分手一樣，想的都是他不好的地方，跟你受不了他的地方。但記得你最初談戀愛的時候嗎？你時時想要跟對方在一起，你想要瞭解對方所有習性跟想法，你想要表現出自己最好的一面，如果你用這種談戀愛的心情對待財富，你就贏了一半了。

「所以我應該先從跟我的會計師好好學習開始，順便確認自己的權利是不是有被保障。至於財務規畫，就要跟維妮請教了。」Dianne 說。

「不敢當！不過建議你可以去找當地有專業執照的財務規畫師（CFP, certified financial planner）諮詢，這樣比較有保障。」我說。

### 三、尋找自己的心靈導師（mentor）或教練（coach）

心靈導師是在某個領域上成功的人，他們不僅用自身的經驗達到他們自己的目標，也幫助他人達到他們的目標。

你或許會問，為什麼這些人會想要幫助人呢？

這其實是一個人性的表徵，當人到了一定境界後，就不是只在乎人的基本需求，像食衣住行，而是想要想要幫助更多的人（註2）。他們常常會利用僅有的閒暇時間，私底下幫助別人。

舉例來說，像我在財務規畫的路上有幸碰過幾位心靈導師，其中一位是當初給我機會、讓我開啟財務規畫生涯的上司，他教導我如何做到透過自己的專業跟能力幫助人，以及為其他人做到利益最大化。

他提醒我，我們的工作就像是傳教士，不僅自身要有崇高的職業道德，也要時時檢視自身行為。

即便後來我們各自到不同崗位，還是會互相約喝咖啡聊想法，當我在職涯上有問題時，也會詢問他的意見。所以心靈導師並不需要有利益上的關係，而是他在某個領域已經達到你想要達到的境界，你可以說他是你的「role model」（榜樣），是你想要變成的那個人。

心靈導師出現的方式並非固定，可能是在工作上碰到、聚

會裡遇到、其他人介紹，或就在自己家庭裡。但大多數的時間，心靈導師不會自己出現，也不會自己找上門，因為他們都很忙。如果你找到了，他也願意花時間跟你分享，那就真的要感到幸運並好好把握機會。

有些人會說，我身邊不可能有這樣的人出現。首先，請把「不可能」這三個字變成「可能，只是還沒有出現而已」。如果身邊沒有這樣的人，像是沒有財務自由的人，那就去其他地方找吧！有時候是因為你目前的環境，只能提供你有限的資源跟人脈，那就去擴充自己的環境跟人脈吧！

出書也是一種自我實現的表徵，不妨拜讀他們的書。而網路則是另一個可以跟全世界連結及學習不同領域成功人士的方法，像是東尼・羅賓斯（Tony Robbins），他除了幫助世界上百萬的人改變他們的人生，每年他的基金會認養了 400 萬個需要的孩子。有機會就去找找這些人的有聲書或演講來聽聽吧！

我自己在過去的十幾年就透過這樣的方式，找到在不同領域上的心靈導師，他們也許知道或不知道我的存在，這都不重要，重點是你可以從他們身上學到東西。


另一個在理財上或人生上非常重要的角色是教練。

教練是受過專業或非專業訓練的人，透過觀察去發覺你的優點跟缺點，直接跟間接的挑戰跟鼓勵你發揮最大的潛力。

想像籃球教練或各式運動教練，他們可能自己本身之前是選手運動員或是專業的教練，但現在他們的工作跟目標就是讓你成功。

大部分的教練是需要你付費的，因為他們在跟你初期的談話中，瞭解你想要達到的目標，你的優缺點，幫你設計一個有系統的訓練，並盯著你對自己負責。他們用他們的時間跟專業來訓練你，所以大部分的教練服務是會收費的。

「我的工作很大一部分就是在做財務教練，因為生活中太多的事情容易讓你分心或是自我質疑，而教練的工作，就是要時時提醒你，有時候甚至要抓著你的肩膀對你吶喊：『勿忘初衷』！」我說。

「看來我有很多事情可以做，也需要開始準備了。很開心在還沒有一頭熱的隨便亂投資之前跟你聊聊，我想我現在比較有頭緒，接下來就看我的了。」Dianne 說。

「加油！你一定可以的。學習是有趣的，是精采的，相信我，你會越學越覺得理財的可愛。」我說。

註1：
Jam session 是一種相對非正式的音樂演奏，通常是樂器演奏者在沒有大量準備或預定的安排的情況下，即興獨奏或創作音樂。

註2：
馬斯洛主義（Maslow's hierarchy of needs）主張，人類的需求有階段性。
第一階段，生理需求（physiological needs），包括食衣住行性的滿足；
第二階段，安全需求（safety needs），包括身體財產與工作的基本保障；
第三階段，社交需求，包括友情、愛情，對團體的歸屬感跟連繫互動；
第四階段，尊重需求（needs for esteem）；
第五階段，認知與瞭解需求；
第六階段，美感需求；
第七階段，自我實現需求；
最後階段，超自我的實現。

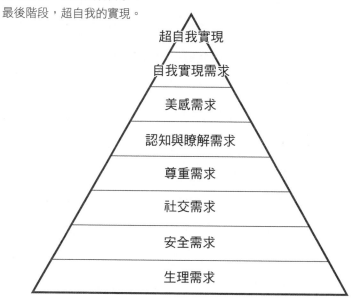

## 約會 09
# 瞭解自己的價值──資產與負債

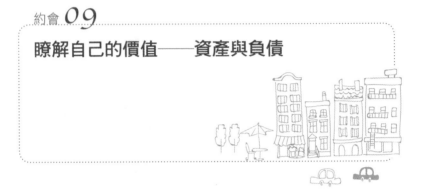

幾天前在市區逛街的時候，看到在巷弄內有間看起來非常舒適的咖啡廳，今天趁天氣不錯，就決定到室內去參觀一下。這間咖啡廳空間並不大，一個櫃臺連接咖啡臺，轉角區放著他們自己烘培的豆子跟磨豆機。座位大多是靠落地窗的單人座位，完全適合想要在城市內尋找一個人安靜角落的都會男女。沖泡咖啡跟磨豆的香味，讓人有幸福的感覺。

咖啡廳裡播放著 60 年代 Ella Fitzgerald 跟 Louis Armstrong 慵懶的爵士歌曲，我坐在落地窗邊的位子，靜靜的看著我的書，品嚐我的咖啡。

沒多久，一位女子走進來，點了杯咖啡後就在靠我不遠處坐下，女子從袋子裡拿出一本厚重的投資學跟一本筆記本開始

研讀。

聽著背景音樂，我忍不住跟著熟悉的旋律哼了起來。看來不只我是爵士迷，這位女子也很沉醉的哼著旋律，我們倆相視一笑，開始聊起爵士樂跟咖啡。

「很難得可以碰到同好，我叫維妮。」我說。

「是啊！我是 Sarah。」Sarah 回。

Sarah 告訴我，因為她已過 40 歲，要受孕有一定的困難跟風險性，但她跟先生都想要小孩，所以幾年前她就慢慢把手邊工作放下，轉成兼職。一方面可以調養身體，一方面也是因為人工受孕時常要看診，這樣比較好安排看診時間。

「真是辛苦你了，Sarah。」我說。

「還好，心裡知道這是段辛苦的路程，但我們真的希望能夠擁有自己的下一代，所以就試試看了！今天剛好看診完，就來喝杯咖啡，放鬆一下。你常來嗎？我很喜歡這裡的感覺，來久之後就認識老闆了，改天應該要介紹你們認識。」Sarah 說。

「好啊！最喜歡認識新朋友了。對了，我剛剛瞄到你在看投資的書，是自身興趣嗎？」我問。

「是的，想說趁現在比較有空，學習一些投資理財的技能，看能不能應用在我跟先生的財務上。我先生一直以來工作

都很忙，但我們之前有討論，都已經到了這把年紀，應該要好好學習投資布局了。」Sarah 說。

「投資永遠不嫌遲，只要有心開始，就會是個好開始。」我說。

「維妮呢？今天不用上班？」Sarah 問。

「我最近放自己一個大假，回來臺灣走走。」我說。

「太好了，維妮！沒想到可以碰到有理財專業背景的朋友，你是不是可以提供一些建議，看我們要怎麼起步呢？」Sarah 知道我的職業後問。

「不敢當！但如果你們從來沒有做過理財，先瞭解自己『值多少』是重要的。瞭解你值多少，並不是指你的工作能力或工作表現，而是你所擁有的跟你所欠缺的，就是我們說的資產跟負債。瞭解你的資產跟負債可以幫助你知道目前的財務狀況，並能讓你專注在對的地方，如增加收入跟資產，或減少負債跟支出。」

「我碰過很多客戶，一來就跟我說要投資，不管是股票、基金、債券、衍生性商品、保險等，但當我們深聊後，才發現他們現在的狀況其實不太適合做任何投資。原因很多，可能是他們目前負債太多、現金流不允許、過度投資，或者是與其投

資，不如還債或節稅，得到的效益還更高。」

　　「所以，當你決定要做好理財時，第一件事情就是要把自己的資產負債攤在陽光下好好審視，尤其是打算投資、貸款或創業，瞭解自己的資產負債是非常重要的一環。」我說。

　　「瞭解，維妮，我們應該怎麼開始呢？」Sarah 問。


## 一、開始收集資料

　　理財是雙方的事，不能只有一個人在處理，所以我會建議邀請伴侶一起參與。生活中，少數人會把資料整理在資料夾裡，但許多人都沒有把財務資料整理在一起的習慣。如果沒先把資料找齊就坐下來記錄，不僅會浪費時間在找尋資料上，我們的情緒也會受到影響。

　　財務的事情很敏感，尤其是在親密關係之間，所以，將財務討論得越透明，準備越詳細，越容易避免雙方嫌隙的產生。雙方可以先約定好，給彼此一、兩個禮拜的時間找資料，然後設定一個「理財約會時間」。

## 二、找一個放鬆的時間跟地點

這看似簡單的動作，卻非常重要。因為當創造出一個放鬆的狀態，腦袋會釋放正面愉快的腦波，這樣就會達到事半功倍的效果。如果你們處於一個緊繃狀態，或因工作壓力產生疲累狀態，這時候討論財務方面的事情，很可能討論到一半就開始爭執，或讓對方感到不適。

我喜歡跟先生在書房討論公事或財務，因為這樣所有資料都在眼前，而且我們也可以完全專注在討論的事情上。如果有需要，放個音樂、泡個茶或倒杯紅酒，也是不錯的。

要提醒的是，務必把會容易分心的事物移開或關機，像是手機、平板、公事等等，既然要做，就全心專注去做這件事！

## 三、分類跟記錄

不管你要用寫的還是要用 Excel 或其他程式都可以，但資料分配應該分成兩大類：**資產跟負債**。

在這裡詳細的分類列出個人及共同擁有，原因是當你要賣資產時，知道資產是在誰的名下，才能算出我們所需繳的增值稅。當你要跟債權人聯絡時，知道債務在誰的名下才能夠知道誰才是法令責任負擔者。當然，你們會一起投資或一起還負

債，但清楚的列出所擁有的資產負債是重要的一步。

## 家庭資產負債表

| 資產 | 負債 |
|---|---|
| Sarah | Sarah |
| 先生 | 先生 |
| 共同擁有 | 共同支付 |
| 總額 | 總額 |

## 個人資產負債表

| 資產 | 負債 |
|------|------|
|      |      |
|      |      |
|      |      |
|      |      |
|      |      |
|      |      |
|      |      |
|      |      |
|      |      |
| 總額 | 總額 |

「什麼是資產呢？」Sarah 問。

資產基本上是你所擁有的一切，包含你生活中的資產。

生活中的資產雖然沒有辦法幫你帶財，但它給你生活中所需要的安全感或行動力，這包含了你的房子、家具、車子、飾品及藝術品等。它或許會增值，但是它的首要目的是帶給你生活上的舒適感。

　　另一種資產就是幫你帶財、錢滾錢的投資，包含任何動產、不動產，像存款、股票、債券、貴金屬投資、外匯、基金、結構型產品、房地產、公司股東權益、個人投資的養老金，以及任何可以孳生更多資產的投資等等。

　　另外，保險算資產嗎？其實要看保險的目的。如果是純保險，不管是壽險、殘障險、重大醫療險等等，這些保單上雖都有提到你所投保的價值，你也必須要付保費，但只有在發生保險所理賠的事件發生時，才能夠申請理賠。如果沒有發生需要理賠的事件，又到了保單截止期，這張保單就失效了。

　　例如你買了重大醫療險，它保障你如果在 60 歲前發生重大醫療時，給付所承諾的金額。但如果你過了 60 歲，或不幸的在 60 歲前發生意外，人不在了，又或是你未繳交保費，那這張保單就失效了。保險很重要，它是當我們需要時，可以提供我們安全網的方式，我們改天再談。

　　回到原話題，所以像這樣的保單，基本上就是有單一目

的，它的保費較便宜，但我個人覺得它並不算是資產。

坊間有些衍生性保單，像是儲蓄型保單或投資型保單，這些保單的功效可以簡單分成兩個目的——投資兼保險。澳洲十幾年前流行這樣的保單，後來就沒人保了，原因是因為它的保費相對較高，但保險成數卻較低，投資效益較低。

畢竟大部分人會買儲蓄險的人，風險屬性相對較低，同時儲蓄險在投保時有很多限制，所以後來在澳洲就趨向把投資及保險兩者分開。

不過亞洲市場還是滿流行儲蓄型或投資型保險的，所投資的項目也比較多。但回到投資的初衷，你的投資屬性適合那樣的投資嗎？在投資保單之前，你必須要仔細跟你的保險專員討論你的需求，以及看一下你的保單內容。像這樣的保單，投資的部分就會是屬於資產。

把資產列好後，我們就可以列出所有的負債了。**債務跟資產一樣，也可以分成好債跟壞債。**

**好債是你當初申請債務時就是以投資為目的，它是幫你生錢賺錢的。**像投資房屋的貸款、做生意的貸款、買基金股票等的融資貸款。雖然是好債，但它還是債，所以在一定時間內還是要處理。

由於它的目的是要用來投資的，對銀行或債權人的風險性比較高一些，所以它的利息也會比較高。另外，還是要提醒一下，用融資或貸款來投資，有一加一等於三的投資獲利效果，但也有一加一大於三的風險性，並不是所有人都適合。所以，一定要在投資前先瞭解自己的投資屬性。

　　**壞債**，顧名思義就是不好的債，這個債是讓你買任何生活上享受的東西。像是信用卡債、個人信貸、車貸都是屬於這個領域。要特別注意，越是容易獲得、越是不要求要有擔保物、越是有彈性或是時間越短的債務，它的利息就越高。相對的，時間越長、需要擔保品、比較沒有彈性的債務，它的利息就會偏低。另外，越高利息的債務就像毒蘋果一樣，越快除掉越好，不然它會像雪球一樣越滾越大。


　　「我今天回去就把資產負債列出來，如果有問題可以趁你在的時候向你請教。我前一陣子也在跟咖啡店的老闆談投資理財的資訊，說不定可以找個時間互約一下。」Sarah 說。

　　「那有什麼問題，我對好咖啡、爵士樂跟好友交談都來者不拒。你安排好時間後再跟我說，我會盡量配合你的時間。」我說。

約會 *10*
# 金錢，你要去哪兒？——預算管理

初夏的午後，我一個人帶著一籃的輕食，騎著腳踏車到湖邊野餐。這裡真像世外桃源，蔚藍的天空，寧靜的水面，湖的對岸環繞著一排秀麗長青樹，我感受著微風輕拂及鳥語蟬鳴，讚嘆著大自然的奧妙。難怪這裡是必訪景點，一到例假日就人滿為患。

將腳踏車停靠在樹邊，在平坦的草皮上攤開了野餐墊，拿出準備好的 Cheese 跟小餅乾，我開始享受著戶外野餐。這時候，聽到遠處傳來一陣歡笑聲，一對情侶騎著腳踏車往湖邊方向駛來。

兩人把腳踏車停好後，意識到我的存在。

「看來，我們不是唯一一個想到度假野餐的人。你好，我

是家瑞，這是我太太美琳，希望我們沒有打擾到你的美好時光。」家瑞說。

「不會，大自然是大家共享的，這樣的美景，一個人享受就太自私了，叫我維妮就好。」我說。

「對啊！我跟家瑞說，今天天氣超好，應該到戶外走走，來個戶外野餐，順便拍照。維妮，介意我們加入你的行列嗎？」美琳說。

「當然不介意，我還怕我是大電燈泡呢！」我說。

談話中得知，兩個人都在上市科技公司上班，家瑞擔任QC工程師，美琳則在人事部門工作。由於家瑞平常喜歡攝影，兩人在去年買了一輛新車，方便他們上山下海到處拍照，而美琳也樂得當家瑞的麻豆。

「維妮呢？怎麼有空可以一個人來度假？」美琳問。

「我最近放自己一個長假，回臺灣度假休息。」我說。

「感覺像是在提早過退休生活，真好！維妮，如果是這樣，你可以給我們一些意見嗎？我們想在這一、兩年買房子當有殼族，總不能一直租房子。不過我們還在想應該在哪兒置產，但現在每個地方的房價都被喊得好高，不知從何下手。」知道我的職業後，家瑞問。

「嗯！我能夠想像，你們開始討論預算了嗎？」我問。

「還沒，我們忙完婚禮後就去度蜜月，最近才剛回來，想說先過過兩人生活再去煩惱這些事。不過，去歐洲度蜜月時，信用卡金額刷太多，再加上車貸跟房租，可能得先處理一下卡債，突然覺得開始面臨現實生活。」美琳說。

「我想你們在買房子之前需要好好的計畫一下，把沒必要的債務還清應該是目前先要注重的項目。」我說。

「我也是這麼想，至於房子預算的部分，我們這幾年的股票分紅，加上我們爸媽資助的 50 萬元現金當部分頭期款，差不多有 100 萬元，但我還是覺得有點勉強。」家瑞說。

「至少你有開始想這件事情，所以還不遲。不管是要還債、存款或是未來要投資，首要條件就是要瞭解你的現金流跟做預算控制。」我說。

現金流跟預算管理其實不難，但很多人做不到或不願意做，因為：

1. 預算管理不用做，光是聽就覺得很無聊；

2. 太費時；

3. 從來沒做過，所以不知道從何做起。

所以，如果要開始，我們應該先找到做這件事情的樂趣，或至少讓這件事情變有趣。

建議可以試試幾個辦法：

1.  專注精神想著最終得到的美好果實，因為結果如此的美好，就會淡忘掉過程中的辛苦。
2.  專注在做這件事情的過程，將雜亂變有秩序，有人說還滿有療癒效果的。就像是花時間把髒亂的書房打掃過後的舒適感，將東西歸位，心情也會變得比較舒坦。
3.  到自己喜歡的環境或放自己喜歡的音樂，讓整個過程變得比較有趣。我喜歡邊放音樂邊做事，不同音樂有不同的效果，有音樂的陪伴，做起事來就特別有勁。

再來，我們講實際預算管理，不管書面或電子檔都可以，我們要開始將收入跟支出歸類。歸類的方式有很多，我個人喜歡多采多姿的圖像，這樣讓事情多了有點「意義」跟「生氣」。

既然是維妮，我們就用維尼小熊的蜂蜜罐來作說明吧！如果要用圖像，任何圖像都可以，你可以用小豬存錢桶、小房子，開心就好。

大蜂蜜罐裡裝了滿滿的蜂蜜，這是你努力辛苦工作投資賺來的果實，就是你的總收入。然後我們將收入分裝成下面 3 個小蜂蜜罐。

| 「不花不能活」的支出 | 「儲存神奇魔力」的支出 | 「感覺良好」的支出 |
|---|---|---|
| 這個罐子裡提供了日常食衣住行所需。（占 60-70%） | 這個罐子裡提供了兩項重要的東西：<br>1. 存款（10%）<br>2. 投資或額外貸款金額（10%） | 這個罐子裡提供了花了會讓你爽的支出。（占 10%~20%） |

第一個蜂蜜罐是不花不能活的支出，包含食、衣、住、行、醫療、兒童教育費，這些日常生活開銷提供了我們一個安全舒適的窩，交通工具，並讓我們溫飽。這些支出中有些是月繳、季繳或年繳，這不是太重要。重要的是日常生活的開銷應該要佔收入的 60％至 70％左右，這樣，你才能夠去思考其它像投資或旅行等花費。

另外，所有最低應繳貸款都應該包含在這個蜂蜜罐裡，因為這是你跟銀行機構間的承諾。有些人覺得沒關係，遲繳也無所謂，但遲繳或未繳都有可能影響未來的借貸可能。

「只繳最低應繳金額，這樣夠嗎？是不是應該拮据一點，把所有的收入都丟進去呢？」家瑞問。

還債是有方法的，很多人在負債的狀況下就一股腦的急著還債，這樣雖然可以達到目標，但整個過程會感到非常辛苦，甚至會覺得自己跟財務無緣的感覺。既然你希望這兩、三年能夠買房子，這是一個中短程目標，但短時間內你需要把一些不必要的貸款還清，所以這就是你的短程首要目標。

雖然只繳最低應繳金額，但我們還有第二個蜂蜜罐。

　　第二個蜂蜜罐是儲存神奇魔力的支出。有一個很重要的觀念，就是不管如何，每次一有收入就應該要把其中的 10％ 存起來，定存、一般高利息存款或低風險的零存整付投資都可以，反正這筆錢只進不出，因為我們在儲存你的神奇魔力。

　　這筆錢平常不能動用，只有在急需的時候，像是突然出意外、急需要住院或車子臨時需要維修時，才可以碰這筆錢。

　　很多人因為急需用錢，但身邊少了這筆萬靈丹，只好利用信用卡、個人貸款甚至高利貸，導致事情還沒處理完，雪球就已經滾到比人都還要大了。

　　這個動作除了訓練你存錢的好習慣之外，透過複利的魅力，也可以讓你快速存到一桶金。

　　這個蜂蜜罐裡的另外 10％，我們拿來付額外貸款或是投資，如果你有高利息的貸款，就先把它還清吧！

　　很多客戶剛開始來諮詢時，馬上就想討論投資，除了確認客戶是否有做預算管理，我也必須確認客戶是否有固定存款，以及是否有其他貸款必須還清。

　　之所以問這個問題，是因為即便你現在開始投資，如果你沒有存款，或還有其它貸款在繳利息，不用去求簽卜卦，我就可以跟你說這投資不會太長久。過一段時間，一旦發生了什麼

「突發狀況」，需要用錢，你就會要求贖回。

但每個投資都有風險，市場起伏跟衍生的支出，當你突然要贖回的時候，很多時候你會發現這個投資不但沒讓你賺錢反而賠錢。所以，在你還沒有一筆存款，或還有高額的利息要償還時，就先把投資的想法放下吧！

「這筆存款有目標金額嗎？」美琳問。

「存款金額目標應訂在如果你突然沒辦法工作，這筆款項至少可以支付 3 到 6 個月的家裡的開銷。」我說。

「但，如果不投資，會不會就損失了投資的好時機呢？」家瑞問。

任何投資都可以找到適合投資的時機點，所以不用太擔心會「損失」這個投資的好時機。投資想法放下並不代表不可以開始學習投資，現在網路資訊發達，沒事的時候也可以開始學習看看投資物件，只是不要輕易被人所影響或操控就好了。

第三個蜂蜜罐裡塞滿感覺良好的支出。很多專家說，少喝一杯拿鐵就可以存很多錢，我倒覺得沒必要讓自己活得那麼

緊。第一，像我們這樣的咖啡控，不喝咖啡反而會影響工作效率，那不就得不償失。第二，這樣的省錢方式會讓人容易彈性疲乏，最終覺得理財很難、很乏味無趣。

人生有太多的事情可以追尋跟嘗試，與其把自己逼得那麼緊，倒不如學習如何節稅、如何開源或投資來得正面開心些。

**感覺良好的支出可以分成兩類，一種是目前的，一種是 6 到 24 個月之內的**，像是一趟美好的旅程、婚禮、生日禮物、紅包，都包含在裡面。

很多人在感覺良好的事物上花費太多，要有最新款的手機、最時尚的包包、跟風去嚐鮮，或是花了很多錢在「小確幸」上，一樣一樣小東西加起來就是一大筆「無謂的開銷」。所以如果真要說支出中「能省則省」的項目，就應該從這裡著手。

如果前面兩大項支出無法負擔，你就真的要仔細審視目前的生活了。瞭解自己的支出狀況後，就把一切自動化。一有收入就設定自動轉帳到你的神奇魔力帳號、所有貸款帳號、所有的固定支出帳號，以及感覺良好的帳號。

當你要提款時，如果是一般生活支出，就從第一罐蜂蜜罐裡拿，如果是出遊或其他感覺良好的開銷，就從感覺良好的蜂蜜罐拿。不要搞混也不要互相挪用，你必須給自己一點紀律。

至於房子的部分，既然要買房子，除了透過房仲外，你也可以自己在網路上尋找物件。你有兩年的時間，所以不要急，慢慢看，不要看到第一間就忍不住下斡旋。這段時間是在培養你的敏銳度跟去尋找自己喜歡的環境跟物件，說不定你會說，林口靠公司近，但林口太潮濕，你喜歡鶯歌、三峽的舒適度。

　　除了看物件之外，當然也要觀察一下價位，找到自己能夠負擔的房價是很重要的，不要太逞強，不然你會覺得吃不消。敏銳度的部分，可以閱讀書籍，或看一些節目聽專家們討論物件的優缺點，這樣才不會買到劣質屋或海砂屋。

　　同時，可以開始跟房貸人員接洽，告知他們你的資產負債及現金流，他們就會試算所能貸的成數、貸款總價、解釋固定或浮動利息、解釋還款時間跟試算你每月應繳的房貸金額等等。大部分的銀行或財務公司都有貸款試算表跟計算機，沒事的時候就去敲一敲吧！

　　「我覺得慢慢有頭緒了，美琳，我們這次回去後就來做預算管理，順便跟房仲及銀行房貸人員聊聊。」家瑞說。

　　「太好了，祝你們成功！時間不早了，我也該打道回府了，很開心今天跟你們一起野餐。」我說。

## 約會 *11*

# 解決債務的第一哩路——下定決心面對失敗

　　遠房親戚聽家人說我人在東岸，跟家人要了我的聯絡電話後，當晚打電話給我。在電話長談中，這位遠房親戚告訴我，她的親妹妹曼妮，也就是我遠房的表妹，最近出了一些財務上的問題，整個家庭氣氛都被影響了。曼妮跟她先生住在東部，剛好離我不遠，她之前聽我家人說我現在在做財務規畫，想說是不是可以請我幫忙。

　　這位親戚大概描述了一下曼妮的情況，幾年前曼妮跟她先生永昌兩人辭掉手邊工作，想要自己當老闆，就去頂了一間安親班。他們看時機正好，又貸款在另一個商圈開了另一家安親班，並多請了幾個老師。沒多久，他們又貸款買了一輛新車做為接送學生用，但他們買的不是一般廂型車，而是買頂級的廂

型車，想說以後生孩子也可以用到。

生意好的時候，他們學費收的是現金，覺得錢賺得很快，再加上生意上雜事多，所以沒花太多時間跟心思去管財務上的事。但這幾年景氣不好再加上少子化，生意越來越不好做，他們考慮是不是應該要把其中一家安親班收起來，這樣可以減少開銷，但是也會減少收入。

因為他們一直沒有注意財務的部分，帳單來了才繳，貸款也是繳最低應繳金額，有時候手邊錢多了，就多繳一些，並沒有規律，所以貸款的部分，這幾年沒什麼減少，財務的洞越滾越大，讓他們倆不知所措慌了手腳。親戚的爸媽看著自己的女兒那麼辛苦，也不知道要怎麼幫她，但總不能一直把自己的養老金給她拿去付貸款吧！而這個遠房親戚雖是曼妮的姊姊，但也是人家的太太，也要照顧到自己跟先生家那邊的感受，不能一直幫忙，所以感覺很煩惱。

聽完後，我請她幫我們安排見面，到曼妮家泡茶。

幾天後到曼妮家，一進門就看到曼妮跟永昌兩人失神疲倦的樣子，我上前過去給了他們一個溫暖的擁抱，曼妮跟永昌示意我到客廳坐。

「維妮，最近因為生意上跟債務的事情，突然開始懷疑自己，懷疑自己的眼光，質疑自己怎麼會把自己搞成這樣？現在更懷疑自己有沒有能力再站起來？」曼妮很喪氣的說。

「我懂！我也經歷過那段黑暗期，有時候黑暗到自己都看不到出口，覺得到處都是水泥牆，怎麼走都走不出去。」我帶著體諒的眼神看著曼妮跟永昌。

「維妮也有過這樣的經驗？」永昌好奇的問。

「有的，當初在餐廳草創的時候還年輕太單純，所以做了很多錯誤的決策。」我說。

剛開始時，我們餐廳每天訂位都是滿的，要排隊才能進來，很多大使或國際學校的董事們，也會在那邊安排公事或私人的活動。印象最深刻的是，美國商會還在我們店裡辦前任總統歐巴馬的募資聚會。當時，時常有美食節目或雜誌採訪，感覺走路都有風，現金也是收到收銀機都滿出來。

但後來發生股東內訌，還有一些大大小小的問題，收入瞬間掉了 80％。可是還是要撐下去，還有員工要照顧，還有貨款要付。雖然當初投進去的資本是借來的，還沒還清，為了生存，又再去多貸款，雪球就越滾越大。到後期的時候，其實也

碰到你們現在面臨的兩難，到底要繼續撐下去，還是要摸摸鼻子收手。

選擇離開之後才是問題的開始。我那時候除了自己公寓的房貸還有 300 萬元，生意的貸款也有 300 萬元在我名下，真的很辛苦。不過幸好老天疼憨人，我花了不到 24 個月的時間，就把所有債務還清，換來了我的重生！

「你是怎麼走出來的？又是怎麼把貸款還清的？」永昌好奇的問。

「其實就是一個決心，決心改變，決心再給自己一個機會。你可以一直讓自己在那個黑暗洞裡自怨自艾，覺得人生都是黑白的，然後把自己封閉起來。但這樣並沒有辦法解決問題，反而會越來越糟。有哪個人生來就平順的，如果太平順，哪來的樂趣呢？並不是說每個人都要有大起大落，但一次、兩次、五次的失敗，都只是一個經歷而已，重點是你在過程中有沒有學到教訓，然後不要再犯同樣的錯了。就像你有看過有哪個小 baby 一出生就知道怎麼走路嗎？」我說。

「沒有！」曼妮回。

「小 baby 也是先學會翻身、到處爬、試著學站，然後再

一次一次的跌倒，走第一步、第二步，才學會開始走路。難道
我們會說，不能跌倒喔！因為這樣是失敗，你要一次就站起
來，然後往前衝。」我說。

曼妮想像到那個畫面，忍不住笑了。

我們的社會跟周遭的人都太重視錯誤或失敗，認為你考試
考不好、沒申請到那個工作、沒把生意做好、經商失敗而負債
是一件丟臉、不應該的事。害怕這個、擔心那個，如果總是擔
心會失敗，那就不會有突破。如果一個國家或社會，長期處在
這樣的環境下，怎麼會有創新力？

失敗是我們人生中最重要的老師，它讓我們有機會能夠學
習，並有機會再做不同方式的嘗試。你看所有成功的人，哪一
個人沒有失敗或失意的時候？但是 "What doesn't kill you makes
you stronger."（世上什麼打不死你的，反而會讓你更加堅強）。

最重要的是決心，債殺不死你，但沒有決心才會把你擊
倒！

「我不記得有人這樣跟我剖析過，我的確覺得現在這樣，

跟家人或朋友出去的時候，會覺得抬不起頭，感覺丟臉，慢慢的我就開始拒絕出去，家人朋友也不太敢在我們面前提這件事。我們兩個就像鴕鳥一樣，讓日子這樣一天一天過，有時候在家喝悶酒，自艾自憐。」永昌很有勇氣的承認。

「給自己決心，決心再給自己一個機會吧！想想你們還年輕，身邊那麼多愛你跟關心你的家人朋友，你們還有彼此，還有什麼比現在更好的機會呢？」我說。

永昌跟曼妮握著彼此的手看著對方，眼眶裡泛著淚。

「嗯！我決定了，我要再給自己一個機會！」永昌說。

「嗯！我也是，我準備好了！」曼妮說。

「好，我不想騙你們，接下來的路是會有點辛苦的，等到你把所有的債務都還清了，相信我，你會感謝你今天為自己做的一切。今晚早點休息，明天到我住的小木屋那兒，我們一起去河邊散個步。」我說。

「好的，維妮，那我們就明天早上見了。」永昌跟曼妮說。

## 約會 *12*

# 解決債務的第二哩路──釐清好債與壞債

　　隔天一早，永昌跟曼妮已在門口等待我們的河邊約會。

　　「早安！昨晚有睡好嗎？」我問。

　　「有！或許是昨天跟你談完後心情比較平穩了，我們倆睡得像小嬰兒一樣。」曼妮說。

　　「太好了，趁今早天氣不會太熱，我們去散個步吧！」我一邊說一邊就帶著他們往河邊走去。

　　「維妮，我今天起來才在跟曼妮分享，雖然知道債跟問題還在，但我現在的感覺是因為昨天下了決心，我從那個債跟問題中抽離，可以比較清楚的看到現況，也比較有勇氣面對問題。不像昨天之前，人好像整個被債壓著或被債環繞著，什麼都看不到。」永昌說。

「太好了，這就是面對問題的第一步，不管是還債還是生活上的任何難題。當你下了決心後，就要試著將自己抽離並放大化，讓自己比眼前的問題還要強大，內心就會較清楚該如何做。」

「想像一下，如果你眼前有個大岩石阻斷了你前進的路，你看不到前面，也不知道該如何走下一步。但如果你把自己放大化，越來越大，大到眼前的大岩石變成是一個小石頭時，眼前的路就清楚了，這其實只是改變我們的想法而已。」

「好，今天來講一些基本觀念跟現實面吧！先問你們，你們平常怎麼處理錢或財務的？」我說。

「我都是帳單來了就去繳，有時候忙起來，會忘了繳。」曼妮說。

「你們自己對這樣的方式處理財務感覺如何？」我問。

「嗯！在這之前，沒有太大的感覺，畢竟一直都是這樣處理財務。現在想想，感覺有點不負責任。」永昌說。

「太好了，我就等你這句話，負責任！你如果不對錢負責任，錢也不會對你負責任，其他人也沒必要幫你負責任。所以，從今開始，你應該要下定決心開始對自己的財務，對自己的生活負責任。沒人可以逼你，但是沒有人可以一輩子幫你，

唯一一個可以幫你的人就是你自己。所以，你準備好對自己負責任了嗎？」我說。

「準備好了！」曼妮跟永昌說。

「好！再來，平常是誰在負責財務的？」我問。

「應該算我吧！平常都是我記帳，但因為事情太多，有時候累積了一大堆帳單跟發票，都提不起勁來整理。到年底，會記師那邊催，才會花幾天的時間把所有東西都整理一下。」曼妮說。

「對啊！那幾天，最好都不要惹曼妮，她心情都會超暴躁的，我則是自己或公司需要用錢就跟曼妮請款。」永昌說。

「你們自己覺得記帳的事情或理財的事情，都是曼妮該負責的嗎？」我問。

「不應該，我有時候覺得明明兩個人都在事業上努力，為什麼只有我在做這件事，而且我真的對理財不是那麼懂。」曼妮說。

「很好，有人說話了。如果這樣，永昌，你覺得由兩個人一起來經營理財的事，這個要求合理嗎？」我問。

「合理！不好意思，曼妮，以後我會跟你一起處理大大小小的事。」永昌看著曼妮說。

「最後一個問題。你們的個人跟公司的財務是分開的嗎？」我問。

「沒有耶！之前因為需要周轉，我就用自己的信用卡跟個人信貸去處理一些公司的事情，所以現在帳務都混在一起了。」曼妮說。

「我知道維妮要說什麼，個人跟生意的支出收入都要分開。」永昌說。

「沒錯！我想有些觀念可能要跟你們說一下，剛剛問你們個人與生意的支出是否有分開，尤其是債務的部分。我想要先分享的是，債其實可以分兩種：好債（good debt）跟壞債（bad debt）以及一些常見的貸款選項。」我說。


好債（good debt）簡單的說就是你申請這個債，它的本質是幫你賺錢的，利息是可以抵稅的。所以不管是投資或做生意，它不只是幫你達到想要的目的，也幫你賺錢又幫你省稅，像是商業貸款。

另一方面，壞債（bad debt）是你申請這個債是為了購買一些自身用品或其他用途，它不只不能抵稅，不能幫你賺錢，還要從你的口袋裡面每個月掏錢出來，像是車貸、信用卡、個

人信貸。

如果在生意上有跟會計師合作，就應該要跟會計師好好配合跟學習，瞭解哪些生意上的支出跟貸款利息是屬於公司的，是可以抵稅的。稅是死的，你繳了就沒了，能少繳一些就可以省一些，這就是為什麼經營事業一定要找到一個好的會計師，因為好的會計師可以幫你合理的省很多稅。

所以，好壞債聽起來還滿好瞭解的，對吧！可是為什麼大部分的人有壞債而非好債呢？尤其是我們常聽到很多人不當的使用信用卡，其實就一個「爽」字，因為大部分的人選擇及時消費、及時享受，店家知道大部分的人沒辦法抵擋誘惑，為了增加業績，於是不停推出促銷活動，讓人產生如果現在不買就損失了、不划算的錯覺，而促銷活動中的信用卡分期零利率更是讓人有賺到的感覺。

這種害怕失去跟不賺白不賺的心態，導致很多人買了很多不需要或不是那麼重要的東西，造成在無能力消費的狀況下超支。然後自我催眠說，反正先用信用卡消費，前幾個月的時間不需要繳任何利息，何樂而無不為。但這樣的超支現象，在信用卡公司開始催繳利息時產生了很大的不同。

如果你有資金可以負擔，只是想要集點數，那另當別論。

但是，很多人其實是不知道自己已經超支，再加上手邊原本就有一些該繳的費用，像日常費用或其他貸款，這時候，他們只能東挪一點西挪一點，用未來的收入繳交過去的支出，而且只繳貸款的最低利息。然後開始懷疑自己的眼睛，想說為什麼每個月都在繳卡費或貸款，但貸款卻只有增沒有減。

這樣的現象，在年節或假日的時候最常發生，尤其是在西方國家的聖誕節、過年、復活節時，人們就像瘋了或是中了百萬彩券一樣，一窩蜂的大肆採買。

「我承認，我也會這樣。」曼妮舉起手說。

「曼妮，你很可愛耶！使用信用卡不是壞事，如果你是拿信用卡來做預算跟現金流的控制，且每個月都把帳單繳清，信用卡就會變成理財上的好工具，而且還可以累積點數。但不當使用信用卡就會變成問題，如果知道自己沒辦法控制，也沒辦法將帳單還清，就把信用卡給剪掉，或就留著一張急用的時候用吧！」我說。

另一個常見的貸款是個人信貸。信用卡跟個人信貸都屬於短期無擔保貸款，意指銀行在發放貸款給你時，不需要你提

供任何擔保品。從銀行的角度來看，如果不需要擔保品，它勢必要接受更高的風險，因為你有可能還不出來或跑路，因為這樣，銀行所要求的貸款利息就會比較高。

個人信貸有幾種，這裡簡單的說明一下循環信貸。循環貸款就像大型信用卡，銀行核准一個額度，你可以在額度內隨借隨還，還款後還可以繼續循環動用。

一些銀行提供不動用就不計利息，當日動用且當日還款不計利息等方式，讓你可以靈活使用此帳戶，貸款期限為一年左右，視各家銀行而定。

大部分的人運用循環信貸來做一些中小額的交易，像是買家具、搬家費、做生意的周轉金或是留學貸款，多用多繳，少用少繳。如果能在短期償還，都不是太大的問題。重點是，大部分的人對於消費的概念過於鬆散，導致過度消費。

另外，有些人會申請個人信貸，或用信用卡做投資，不管用什麼方法或工具，都要思考一下投資報酬。用高利息的貸款去做低利潤的投資，不僅成本高，風險也高，而且，我們還沒把稅務算進去呢！如果算進去的話，有時候真是得不償失。所以，經驗法則（rule of thumb），**如果要貸款投資，一定要確保投資效益高過你所需要負擔的利息支出**。

最後我們來提一下另一個常見貸款——房貸。

房貸讓你可以買自己的夢想屋或投資房，甚至是用來做整修或裝潢。由於貸款需要房子當擔保品，且時間拉得比較長，所以它的利率也要求比較低，這是簡單的道理。但當你在跟行員討論付款時間，到底是要攤還 20 年還是 30 年時，你可能就要好好想想了！

「維妮，你可以舉個例子嗎？」永昌問。

「當然沒問題，永昌，大部分的人去銀行問貸款，都直接問，『你們家貸款利息如何？可不可以再降一些？每個月的分期付款金額是多少？幫我算一下 20 年期每個月要繳多少？25 年？30 年期？』然後用貸款專員給的數值去衡量到底要不要貸或轉貸。」我說。

銀行貸款專員在跟你討論完目的跟適合年限後，就會試算出總收益利息，然後銀行系統將利息跟本金加總後分攤成所協定的年限（試算成共有幾個月），算出來的金額就是你每個月繳交的費用，這裡面一部分是繳交本金，一部分是繳交利息。

時間拉越長，每個月繳交本金的金額就越小，看起來每個

月要繳交的貸款就越小。但由於時間拉的長，雖然是以當初申請時的利率來試算，利率並沒有變動，但因為時間長，總利息就變更高。當然銀行不會跟你說這些，不過也是因為消費者不會去詢問這個問題。

舉例來說，以澳洲現在的貸款利率 3％到 5％不等（依各家銀行與申請的貸款產品有所不同），我們折衷抓年息 4％，如果所需貸款為 500,000 元，本利攤還（本金加利息）：

用 30 年攤還，月繳 2,387 元。

用 20 年攤還，月繳 3,030 元。

20 年攤還的本利月息比較高，如果平常預算比較緊的人，應該會選擇 30 年期。

但如果看一下所應繳的總額，20 年期，用年息 4％試算，銀行收取總利息為 227,176 元，加上你所貸款的金額，總數為 727,176 元，這比你當初貸款要求高了 45.4％。

而 30 年期，一樣用年息 4％來算，銀行收取總利息為 359,348 元，加上貸款的金額，總是為 859,348 元，這比當初貸款要求高了 71.8％！

要知道，貸款是銀行的最大收入來源，所以，花越長繳完貸款金額，銀行就賺得越多。你越需要有彈性，越需要及時，

它的利息就越高。所以可以的話，早點還清貸款是一種省錢的
方法。

「所以，在生活中應該減少壞債，如果有壞債就應該先繳
清，早點還清款就能夠省到錢，這樣說對嗎？」永昌說。

「沒錯，明天我們來討論一下還債計畫如何？今天回去是
有功課的，我要請你們明天把所有手上的資產跟貸款資料準備
好，不管是列出來，還是把所有的帳單或合同拿來都可以，越
詳細越好。我明天到你們那邊去，這樣你們就不需要把文件帶
來帶去了。加油！你們可以的！」我說。

## 約會 *13*

# 解決債務的第三哩路
## ——保有呼吸空間的還款計畫

　　昨天睡前寫了個教戰手冊，打算送給永昌跟曼妮，希望可以用來幫助他們順利還清債務。一進曼妮跟永昌家，就看到桌上整理好的文件。

　　「看來兩位真的有下定決心喔！功課都做好了？」我問

　　「都準備好了。」永昌說。

　　「太好了，看到自己目前的狀況感覺如何？」我問。

　　「老實說有被嚇到，因為一直都是帳單來了才繳，所以從來沒有認真去看過到底自己欠了多少錢。不過，另一方面又覺得，很慶幸在現在這個時機點能夠正視問題，而不是讓問題變大。」永昌說。

「嗯！我很開心你這樣說，這代表著負責任的正面心態，實在太替你們驕傲了！記住！所有發生的一切都是有原因的，不管是好的或不好的。我們現在能做的就是虛心接受這一切，負責任的面對，有方法的解決問題，學到教訓後就不要再犯同樣的錯誤。」

　　「其實還債是有方法的，還債時間長短則看每個人的狀況，但記得這段時間一定要保持正面的態度，我知道很難，但記得至少你們還有彼此。我準備了這個還債教戰手冊給你們，如果照著這樣做，我相信不要多久，你們就可以把債務還清了。」我說。

## 還債第一步：設定目標

　　除了這兩天說的心態跟瞭解基本債務的概念外，就像生活中做很多事情一樣要有目標。目標不能只是講講，不要訂得不實際無法觸及。目標是應該明確的、可衡量的、可以達到的、實際並有時間性的，這就是我們說的「聰明目標」（SMART GOAL）。以你們目前的狀況，兩個人就有兩個人的收入，我們可以訂一下有挑戰性的目標，等目標達成後，就可以好好的慶祝一下。

### 還債第二步：瞭解目前自己的債務狀況

「昨天要你們列下所有的資產跟負債就是這個目的，還債應該要有方法，昨天你把貸款列清楚後，有仔細看一下哪些是好債、哪些是壞債嗎？」我說。

「有，我們發現除了剛開始的青創跟一筆商業貸款，其他的債務都是壞債，且利息都偏高。」曼妮說。

「太好了，曼妮，這代表你的敏銳度變高了。」我說。

### 還債第三步：整合貸款

既然跟一些銀行有往來，可以去詢問是否有機會可以做貸款整合。貸款整合並不是讓你把所有的貸款延長時間還款，記得前面說的，時間拖越久，利息總額就越高。貸款整合是希望透過整合，你可以專心對同一個窗口，不然，你同時間要付所有的貸款，是麻煩也是複雜的。

不過整合還要看你的信用指數跟可貸成數。如果目前的資產高過貸款且還有一定的額度，銀行當然願意你把所有貸款全部都整合到他們銀行，畢竟貸款是銀行最大的收入來源。但如果你已經超支，或已經沒有額度可以增加貸款成數，並把所有的貸款整合成對單一窗口，那也沒關係，我們還有方法。

## 還債第四步：瞭解自己的現金流向

「你們知道平常自己的收入支出嗎？」我好奇的問。

「嗯！大概知道，我們昨天在把所有資產負債的部分列出來時，有順便列下我們的收入跟支出。」永昌說。

這個階段除了要知道自己的現金流向外，重要的是要開源節流。平常收入的 60％到 70％應該是放在日常生活費用上，這包含了付所有貸款的最低應繳金額。

另外，一定要開始有存款的習慣，把每一筆收入的 10％放到存款裡存著，這會是你的神奇魔力基金，如果你發生任何急需用錢的狀況，它會是非常好的幫手。

很多人在面對超過一個金額的貸款時，並沒有認真的做繳款金額分配，只憑感覺決定，這樣的心態跟方法，是不會讓你有效把貸款還清的。

## 還債第五步：從最高利息的貸款開始開刀

不管有沒有機會可以整合貸款，我們都從最高利息的貸款開始開刀——每個月定期繳交每個貸款的最低利息，但是每個月的 10％收入應該要完全放在最高利息的貸款上。當最高利

息的貸款還清了，我們就去還次高利息的貸款，由此類推。

收入的 5% 至 10% 是讓你「爽」的，畢竟生活還是要過，千萬不要把自己逼得太緊。你可以用這筆錢去唱ＫＴＶ、旅行、吃大餐，看你自己喜歡。但是，如果這筆開銷超過這個比例，就要想辦法節流了。


「在開源的部分，你們還有其他的機會可以再多一些收入嗎？」我問。

「我跟永昌昨天有在聊，我們倆在開安親班之前都有自己的工作跟收入。我可以趁早上安親班小朋友還沒來之前，去兼差教幼兒美語，永昌可以早點下班，然後在網路上接幾個行銷設計的 case。」曼妮說。

「這個點子不錯，你們倆不用一起待在同一個地方工作，一起分攤負擔，才容易快速達到目標。但記得要共體時艱，這段時間真的會比較辛苦些，要互相體諒彼此。如果可以的話，可以把剛剛提到那筆『讓自己爽』的支出，記得要放在兩個人可以一起相處、一起享受的事情上。太多時候，夫妻或情侶無法一起面對債務問題，最後只能變成冤家。」我說。

「我們倆會記得的！」永昌跟曼妮看了彼此一眼，握起彼

此的手說。

### 還債第六步：跟所有的債權人聯絡

記得，當初若不是他們的幫忙，你是沒有辦法能夠完成或做你想做的事。事情變成這樣的局面，不是他們的錯，所以，主動聯絡，告訴他們現在的狀況跟你的計畫。當然，大部分的債權人會希望你能夠先還他們款項，但如果你有誠心，並有一個實際的計畫，大部分的人都是會支持並幫助你的。

### 還債第七步：自動化

剛剛已經說過，把所有的收入都用比例的方式給付，該什麼時候付什麼錢，你就用網路銀行自動化機制在固定的時間繳交錢吧！這樣不只不會因為忘了繳帳單然後被罰款，也可以給自己喘息的機會。

很重要的一個心態是，你可以把所有心思都花在債務上，或把所有心思花在怎麼賺錢上。你選擇哪一個？我選擇多賺一些錢寶寶回來！

設定一個固定時間，兩個人討論怎麼經營自己的生意，該做的該花的就應該要做，目標是要把這個生意做起來，同時兩

人又有自己的額外收入可以 cover 其他債務，債務的部分就讓它「自動化」吧！自動化並不是代表不管，你們還是需要每個月花時間討論財務的部分，我跟其他人分享過，就每個月定一個理財約會吧！

## 還債第八步：不要逼自己太緊

「Shit things happen.」（鳥事天天有），不管你是好人還是壞人，但既然你已經下了決心要改變，就接受吧！

逼自己太緊，不讓自己呼吸，也是過一天；接受事實，誠實面對，負責任的處理也是過一天，沒必要把自己逼到不能呼吸。記得我們說的，失敗是成功之母，失敗並不可恥，從中學到教訓並不要再犯同樣的錯，才是最重要的。

還債過程當中保持自己身、心、靈健康是很重要的，日常生活中的小細節像是：

- 運動是很重要的一環，做瑜伽、去操場跑步，這不會花太多時間，也不會花太多錢，但是效益卻很大。

- 記得提醒自己要呼吸！我知道，有時候你會覺得喘不過氣來，我知道！但，天還沒有塌下來，你還沒有被

擊倒。就停下腳步來，深呼吸一口氣，呼氣，吸氣，呼氣，吸氣，做到自己能喘的過氣為止。

- 給自己時間靜坐冥想吧！這是不需要花錢的練習，除了可以幫你定心之外，更能夠幫你完成你想做的事。
- 記得微笑！雖然只是假笑，這個簡單的臉部動作，卻可以讓我們在不自覺中慢慢的改變心情。

「最後，記得所有發生的一切都是有原因的，不管是好的或不好的。但我們能做的是，虛心接受這一切，並帶著感恩的心。感謝自己有這個機會能夠經歷這些挑戰，感謝自己有這個能力跟決心克服這些困難，感謝你們有彼此的扶持，感謝學生的家長相信你們，感謝員工跟廠商的體諒，感謝家人跟朋友的照顧，感謝小宇宙默默的幫助你。」我邊說邊雙手合十，帶著感謝的心謝謝所有一切發生的事。

「我感覺人生又有希望，不再那麼黑暗了，我不僅有決心，有勇氣去面對，也有了正確的方法。維妮，希望沒多久的將來，我們倆可以約你吃飯，慶祝我們的重生。」永昌說。

「那有什麼問題，那一餐一定算我的，我還要準備香檳幫你們慶祝！ All the best ！」我過去給了他們一個大大的擁抱。

# 客戶的感謝函

**A letter of recommendation for xxx Senior Financial Planner Winnie Driscoll**

We have received and keep receiving financial advice from Winnie Driscoll since 2014. We have been very pleased with her and her advice for the following reasons:

· Winnie is a good listener and understands client's specific financial conditions and goals;

· She has ability to explain the financial products in understandable terms to customers who has no knowledge and limited interest in finance, allowing customer to make an informed financial decisions;

· Her recommended financial plan of action is in line with customers goals, customers financial ability, which does make the recommended financial plan realistically achievable;

· Winnie has high standard customer service skills and she is a very pleasant person to deal with.

Here is one example of success of her financial advice in our case. When we started to get advice from Winnie, our goal was to pay off our mortgage as quick as possible (20 years term). Winnie advised us to make mortgage payments on weekly basis and double the current mortgage payments as we had income sufficient enough to do it. That was not the plan we had in mind. Our initial plan was to save money on bank account and pay lump-sum from the saving for mortgage at the end of year. She convinced us that more frequent payment will reduce interest payments and perhaps more importantly takes away the temptation spending savings on something else than mortgage. Thanks to her advice we were able to pay off the mortgage **in four year time** and at the moment we are **completely debt free**, which is not a small achievement by any measure.

約會 14

# 上班族的第二份收入——目標與機會成本

　　這裡的縣府很有心，週末時間幫縣民準備了很多講座、課程或活動讓大家參與。我從民宿櫃臺那拿了一份月表，勾選了幾個有趣的講座，打算順便去市區跟圖書館走走。

　　一早做個運動後，我就起身去參加今天在圖書館舉辦的慢活講座。演講者透過自身經驗闡述慢活的重要性，講得很精采，我也聽得很開心。慢活強調在日常生活中尋找工作與生活的平衡，並專注於個人價值的實現，建立人際關係的人生目標，而不是純粹為了消費而追求經濟成功。

　　這不禁讓我想起跟客戶間的對話，當我們在討論理財、討論投資、討論財務自由時，到底每天汲汲營營是為了什麼？到底投資多賺那三百萬元，但是代價是晚上擔心睡不著，或是太

忙沒機會跟家人相聚，又是為了什麼？

財務自由，每個人的定義都不一樣。我的一對客戶跟我合作了三年，還清了所有的債務還存到一筆錢，從此以後不必再擔心債務，現在他們只想要在郊區買塊地種田養馬，過著自給自足的生活。男的 41 歲，女的 36 歲，生活過得簡簡單單，這就是他們要的自由。

很多客戶來諮詢退休規畫，我問他們什麼叫自由？很多人回答，他們要的不多，只想要有一定收入支付他們生活開銷，每一、兩年有機會能夠出去走走，最重要的是有時間跟他們的孫子孫女在一起，這就是他們想要的自由。

有人重視生活品質，一定要住好區、開好車、收藏骨董，每餐一定要有美食好酒，出國一定要是商務艙或頭等艙。當然，他們的財務自由就需要有一定的資本，提供他這樣的現金流支付這些高消費的享受。

每個人的想法都不一樣！

講座完後，我看坐在隔壁的女子還沒打算起身，就轉過身跟她打個招呼。

「這樣的講座還滿精采的，你常來嗎？對了，我叫維妮！」我說。

「我叫淑穎，是啊！滿有趣的觀念。不過，老實說，我只是需要從家裡出來喘息一下，順便思考一些問題，所以有聽但沒有全部都聽進去。」淑穎說。

「家裡還好嗎？如果你不介意我問的話。」我說。

淑穎低下頭思考。

「家裡最近發生了一些事，所以需要額外的支出，我在想是不是應該下班或假日去兼差一下。我一直是家裡的精神支柱，看著家裡難過，我心情也受到影響。我不想要跟男朋友或其他朋友說，怕他們跟著煩惱。」淑穎說。

「事情都可以解決的，時間還早，如果你有興趣，我們可以到隔壁喝杯咖啡順便聊聊，有時候把事情講出來，有人討論也是不錯的。尤其是無關的第三者，沒有任何立場設定，更可以幫助你客觀的看事情。」我說。

「也好，還不想回去，怕自己沒辦法在他們面前展現笑臉。真是不好意思，才剛見面就丟垃圾給你。」淑穎說。

「別這麼說，反正也到了我的咖啡時間，與其自己喝，倒不如有伴一起分享。」我說。

在閒聊中淑穎告訴我，她跟媽媽還有弟弟一家人住在一起，弟弟結婚後育有一個 3 歲的可愛女娃。去年底弟弟跟弟妹

吵架離婚，弟弟因此心情低落，時常影響工作，但孩子還小，總要有人照顧。

突然之間家裡的經濟需求變大，她不只成了家裡的精神支柱，也變成了經濟支柱。雖然目前的工作收入可以支付所有開銷，但是也只能剛好打平，一旦有額外支出的話就會有問題。

「我最近在想說我下班還有時間，是不是應該去兼差賺取額外收入。」淑穎說。

「賺取額外收入是不錯的想法，不過在此之前要想一下你的目標是什麼。因為畢竟這些都是機會成本，是用下班時間換取的，必須想想這樣子適不適合？是不是自己想要的？體力有辦法支撐嗎？到底值不值得？我看過很多人兼差，收入並沒有增加很多，但身體卻被搞壞了，這樣就得不償失了。」

「我年輕時也是沒命的工作賺錢，所以很多想法我大概都接觸或想過，除了一般傳統的兼差，還有一些生財的方式可以考慮。我把生財的方式分成三大類：第一大類是兼差打工，不管是在實體公司店面工作，或網路兼差接 case（像 104 人力銀行的兼差或外包）；第二大類是經營副業，不管是網路或實體店面，不管是銷售實物、知識或服務，參加傳銷或其他組織，或代言其他人的產品；第三大類則是投資。」我說。

## 第一大類：兼差打工

兼差打工基本上就是用自己的時間跟才能去換取金錢，我們都知道最傳統的方式就是去實體店面或公司找工作，但其實這個時代能找到的工作有限，且工作屬性趨於勞力或花時間卻不太複雜的工作，所以一般這樣的傳統工作薪資都不高。

另一種打工方式，是用自身才能去換取金錢，像是家教補習班，或是在 104 上找外包接 case 的工作，像翻譯、設計、程式、行銷等等。由於這類型的工作需要相對較高的才能，所以時薪就相對較高一些。

在科技發達的年代，已經不是只有實體店面或公司需要人力，有些公司是半實體半虛擬或完全網路化，像是 tutorABC，有能力的人可以在這些領域試試看。

不過可以發現，目前舉的兩種方式都是以「時薪」或「接案子」的方式換取收入，它還是用時間跟能力換取金錢，做得多就領得多，做得少就領得少，但每個人都只有 24 小時，所以時間的限制還是沒有辦法避免的。好處是你只要把自己經營好，都是會有 case 可以接的，風險性也比較低。

## 第二大類：經營副業

經營副業有很多不同的方式。

首先我們先談一般實體公司或店鋪，實體公司跟店面的好處是能見度高，可以直接建立客戶關係，如果賣的是實體，只要東西品質好或跟得上潮流，短時間都可以賣出不只一件的商品，所以它是以數量取勝。

缺點是既然是實體，店家一開門就開始燒錢，高固定成本，像是房租、請員工跟產品庫存、經營的時間被綁住，雖然能見度高，但只能在方圓 500 公尺達到影響力，除非你有效經營網路宣傳，所以，你會看到越來越多的店家關門歇業。跟兼差打工比起來，經營副業的風險相對的就較高了。

很多人轉戰網路，像是網拍，經營副業，這不僅跨出的地域跟時間的限制，也減少了一些固定成本。但網拍的挑戰是對人性的挑戰，挑戰人的信任度，畢竟大部分的人都喜歡摸或聞到實體，同時在交易上金錢跟貨物的實體轉讓。

如何增加一定商品描述內容，讓顧客能夠想像摸到或聞到的觸感，這是需要學習的。像這樣的行銷課程不少，如果有興趣做網拍的應該要多涉獵。

問與答的部分要非常詳細，這不僅能夠增加信任感，更能

夠減少來回對話的時間。當然誠信問題是所有做生意的人都應該要有的本質，這就不需要贅述。

網路經營最大的問題是，你要怎麼讓自己在千千萬萬個商品或商家中，吸引買家的目光。這除了要瞭解自己的品牌、自己公司特性，還有格式擺設、網頁架構等等，所以該做的網頁設計或行銷功課都應該要做。

大部分的人因為都從小格局開始，所以剛開始經營最大的挑戰是自己摸索，要什麼都學，什麼都做才能夠節省成本，但出錯的機會也會比較大。經營副業另一種方法是去找已經建立好的產品跟系統，像是加盟或傳銷。

雖然很多人因為自身的經驗或聽說親友的慘痛教訓，對傳銷有不好的偏見，但不可諱言，加盟跟傳銷也有一定的好處，前提是找到對的正派經營的系統。

為什麼這裡把加盟跟傳銷放在一起呢？因為它們有類似的共通點，就是系統。當一個生意做到一定規模，它能夠將成功的方式系統化，並加以複製。所以，與其去磨破頭的想經營方式，這裡已經有人把所有該如何成功的方式交給你了，這樣的投資方式，讓你在前期摸索時間變短，成功機率相較較高。

這幾年也有很多新興方式經營副業，賺取收入，這種收入

可高可低，看自己怎麼經營，不過都是可以去接觸瞭解的。時下的年輕人從小就接觸網路，知道網路無國界且沒有時間限制，如果懂得經營，就會有一定的影響力，這樣的現象造就了「網紅」熱潮。

有人有自己的品牌、商品或服務，有些人用「代言」的方式介紹別人的產品。他們用網路媒介，像是部落格、YouTube、Facebook、Instagram、LinkedIn、Twitter、直播、聊天 APP（Line、WhatsAPP、Wechat……等）跟其他網路用戶「分享」，用這樣「分享」的方式經營他們的事業。

我必須承認，有時候我們這年代或上一個年代的人，看不懂也搞不懂「時下年輕人」在做什麼，但像這樣的網路行銷已經是不能抵擋的趨勢。

時代不同了，一貫的用傳統方式經營，已經不符合現在社會的需求。所以，不管做什麼都應該要好好研究瞭解一下網路行銷的助力。

「維妮，你的確提了一些我沒想到的方式。我之前一直想，乾脆去發傳單或端盤子，但也知道這樣的收入不多。有些人乾脆把工作辭掉，專心經營副業，你的看法呢？」淑穎問。

我也有很多的客戶問我這樣的問題。如果有財務後盾或是有積蓄，讓你無後顧之憂，當然可以全心全意專注在你的事業上，畢竟事業就像是你的 baby，需要你花時間跟心思。

但如果沒有財務後盾，那麼就得保守一點或是現實一點，畢竟你還是要吃飯，還是要繳房租或房貸，還是要繳油錢，當你碰到支出的時候還是會煩惱，唯有把現實的狀況顧好，才能讓你更好發揮潛力。

在這裡貼心提醒一下，平常要做白天的正職又要顧晚上的事業，這的確需要超人的決心、耐力還有體力，沒有強大的熱情或決心真的很難撐過。因此，找到對的產品或團體以及精神後盾，是非常非常重要的。

至於現金流方面，每次一有收入，記得一定要把 10％放到一旁存著。60％至 70％用在日常生活費用上，10％拿來還債或是做投資。但，記得生活中也需要給自己放鬆的時間跟樂趣，所以就允許自己有 10％是可以做這些事情的吧！

在經營副業時切記，真的真的不得已，或是真的有看到非得這麼做不可的理由，再去貸款投資。用信用卡或個人信貸開始做生意，代價太高，利息太高，會讓你喘不過氣來，很多人還沒成功就已經一屁股債了，所以要慎重考慮。

### 第三大類：投資

　　其實做生意也是一種投資，但這裡說的投資是去理解自己投資的屬性，並找到自己適合的投資工具，讓錢幫你工作，並且帶更多錢朋友回來。固定投資的資金應該占我們收入的10％左右，有些人在投資過程中需要馬上變賣他們的資產，就是因為現金流卡住了。

　　「以你目前的狀況，我想增加收入跟控制支出是最重要的。希望家人的狀況能夠好轉，弟弟也能夠再振作起來，也希望今天的談話有點幫助，這段時間你就辛苦點了！」我說。

　　「我沒有想到今天會在這裡碰到你，你分享的幾個賺取收入方式的確是我沒想到，但卻是可以試試看的，下次有機會見面的話就換我請你喝咖啡了。」淑穎說。

　　「就等你約囉！」我說。

# 事業經營者的孤獨──理財的規畫與需求

自從認識 Sarah 之後,我們倆就像相識已久的老友互相關懷,聊咖啡,聊音樂,也聊近況。這天,Sarah 約我吃早午餐,順便介紹咖啡廳老闆明杰給我認識。

一進咖啡廳,就看到熱情的 Sarah 站在一位男士旁,我跟 Sarah 給彼此一個大大的擁抱。

「維妮,這位是這家咖啡店的老闆明杰。明杰,這位是維妮,你的忠實客戶。」Sarah 為我倆互相介紹。

「維妮,久仰大名!Sarah 這段時間一直跟我提到你,她跟我提到你跟她分享在理財上的經驗,今天,真要跟你好好請教幾招!」明杰說。

「不敢當,明杰,我們只是互相切磋而已。倒是要謝謝你

經營這家這麼棒的咖啡店，讓我們這樣的咖啡音樂控有角落可以棲息。」我說。

「謝謝維妮，我還在努力改進中，坐吧！我幫我們三人準備了小餐點。」明杰說。

談話中明杰告訴我他開這家咖啡廳已經三年了，在開咖啡店之前，他也是在幫別人工作。

「每件事情都有它的好壞，雖然當雇員必須要看別人臉色，但至少有固定收入，且可以準時下班。自己創業後，雖然有自主權跟『自由』，但店一開你就要為自己跟其他人負責，就開始支付開銷，收入不固定，心思也是 24 小時都在事業上。」明杰說。

「明杰，切身經歷過，我完全可以瞭解。」我說。

「不過開心的是，去年開始生意慢慢穩定，繳付所有支出跟自己微薄的薪水外，去年底已經開始有淨收入了。當然，生意上還有一些需要微調的地方，但我覺得是時候該照顧自己，正視自己財務了，有沒有什麼是像我一樣經營小生意的人需要注意的呢？」明杰問。

「從虧轉盈是一件多麼有挑戰也多麼振奮人心的事，真是太替你感到開心了，隔行如隔山，我可能沒有辦法給你什麼實

際上經營的建議，不過，有幾件事倒是可以跟你分享，就是開源節流、與專業人士合作及保險跟遺囑分配。」我說。

## 一、開源節流

開實體店面，好處是可以獲得直接跟近距離的回應，但主要缺點就是固定開銷跟有限的服務區域。就開源的角度，能夠增加生意的曝光量就能有效提升獲利率，所以，利用經營網路社群或網路行銷，是每個中小企業都應該考慮的支出。當你的獲利提高，除了有機會提高自己的薪水外，也可以開始獲取公司股利。

能支付自己薪水是最好的，因為我聽過太多類似的例子，為了節流而不支付自己薪水，連我自己之前都沒辦法認真對待自己。我學到的教訓就是經營事業不管如何都一定要先支付自己薪水，多少金額由你自己界定。

很多人想說才剛開始，所以就不支付自己薪水，時間久後就變成一種習慣，之後就「不好意思」拿了。支付薪水是一種態度、一種鼓勵也是一種動力，鼓勵自己的辛勞，但也是促使自己更努力並想辦法讓生意做得更好的動力。

而支出的順序應該是先支付自己薪水，然後經營開銷（產

品庫存、水電瓦斯費、員工薪水、勞健保、行銷費、貸款、店租、網站等等），剩下的才去考慮存款，多繳貸款，進而投資。如果沒辦法支付自己的薪資及處理所有經營開銷，就先從根本的事業管理開始吧！這時候做的投資都不會長久，因為你一定會碰到「意外」事件急需用錢，而早早贖回。

**不管如何，都一定要有六個月的周轉金**，因為你不知道什麼時候會需要。如果在創業前已經有這筆周轉金儲蓄那最好，如果沒有，這會是經營事業剛開始最重要的投資。

## 二、與專業人士合作

不管是事業上或個人上，都應該要多跟專業人士合作。

首先要有密切關係的當然是你的會計師，尤其是當你們已經建立一定的信任度之後。就收入部分，如果事業設立是個人或合夥人名義，當然收入支出、權益跟責任都是均分，在稅務上可省稅的幅度並不是太大。

若事業設立是用信託名義，那收入應該要放在哪個受益人的名下才能達到節稅最大化，這是會計師的工作。若事業是設立公司名稱，誰是董事必須負全責，誰是生意執行長，負責營運部分的決策，收入應該要留給哪個股東受益人，這些都是會

計師可以跟事業經營者討論的。

　　每個事業體都有它的好處、壞處、彈性面或是固定跟流動服務費用，這是會計師應該在當初設立時就要跟經營者討論的，像常見的一人公司或兩夫妻的組合，什麼是最有效節稅但是費用又合理的事業體，這一定要跟會計師討論清楚。

　　就節流上，經營事業有些費用是可以抵稅，或是用稅前的收入支付進而省稅的，會計師的工作就是在幫你合法節稅。稅是吃掉利潤的不可妥協費用，能少繳就是賺，所以，與好的會記師合作能夠幫你達到利潤最大化。

　　另一個合作的對象是財務規畫師，這不是因為我自己是財務規畫師才這樣說。

　　當你開始有盈餘時，你就會想要擴大營運或是開始投資。大部分的創業家都有一定的風險承擔能力，因為創業本身就是一個刺激但是有風險的事。所以，常會看到創業家要投資時，喜歡較激進或要求較高利潤的投資標的。

　　但不要忘記，分散風險性的重要性。創業本身已經是個風險性的投資，所以再投資在高風險的投資標的上，除非你本身就是超級激進的投資者，不然你會發現這是種雙重風險、雙重壓力。

所以，合理的投資組合中，一定要有一定成數的保守型投資及其他性投資物件（完全跟你的生意或投資沒有正向或反向的關聯性）。

財務規畫師需要跟你討論你的投資目的以及投資時間長短，這樣才能夠用他們的專業幫你配置屬於你的投資組合。做投資時，投資物件應該要設立在誰的名下，財務規畫師也應該要跟你的會計師討論。

還有一位專業人士就是你的律師，律師可以幫你擬訂對的法令文件，保障你跟家人的權益。尤其是創業，你除了對自己負責，還有公眾責任，若發生事件，卻沒有法律的保障，有可能會影響到你自己跟你最親愛的家人。

很多人小看了法令的重要性，導致事情發生時措手不及，不知如何處理。當你在跟會計師設立事業體時，你的律師也一定要覺得合理才行。

## 三、保險跟遺囑

不管是產險或個人保險的部分，都應該要審慎處理。

生意上的公共責任跟意外險是保障在經營上，若碰到意外事件，造成重大人員傷亡或財務損害時，提供業者一筆資金負

擔不幸事故的支出。

生意或個人的產險，保障你在經營上或個人發生意外時，能夠有一筆資金支付維修或賠損，像是一般汽機車險、住宅火險等。

保險其實最重要的是個人險，不管是壽險、重大醫療險、殘障險等。雖然剛剛那兩項保險很重要，但重點是，誰是付這些保單費用的人？是你！如果你發生了什麼事，又怎麼能負擔原本的生活開銷、生意支出跟保單呢？你最親愛的家人又該怎麼辦呢？

保險的部分，你可以自己跟保險公司或保險經紀人聯絡，或是由財務規畫師幫忙處理。財務規畫師會幫你將稅務及所有可能性列入考慮，幫你計算出應該要承保的金額跟怎麼負擔，還有設置在哪個事業體以及誰是受益人。

這也牽涉到遺囑分配，尤其現在社會有很多第二春跟第三春，要怎麼樣把這筆遺產轉交給受益人，而不被其他人所挑戰盤問，這是財務規畫師跟律師可以幫忙的。

「至於投資跟還債等的其他理財需求，我們得等之後有空再聊了！」我說。

「經營的時候總是覺得孤獨，沒人理解。今天找到像維妮這樣志同道合的朋友，能夠互相學習，真的覺得很幸運，之後要請你好好照顧了！」明杰說。

「知己難逢，我們是互相支持互相學習。」我說。

「沒錯，我覺得經營事業跟創造額外收入都是個大議題，不是三言兩語就可以講述完的。有一點確定的是，投資自己才是最重要的，我們真的要放開心胸好好去學習。」Sarah 說！

# 投資之前，先問自己為什麼
## ——找出投資的初衷

　　回到繁忙的都市生活，一時還有點不習慣，好在住的地方旁剛好有間學校附設社區大學，參考一下課表後，我直接報名了平日早晨的瑜伽課。能在平日白天上課的人真的不多，所以沒多久，整班的同學就像是認識許久的朋友一樣熱絡起來。

　　下課後拾起自己的瑜伽墊，上課的夥伴雪慧過來邀請我一起去吃個早餐再回家，我們就邊走邊聊著瑜伽老師幽默的上課方式、今天課程中學到的新動作跟做完運動後的改變。從談話中得知雪慧是家庭主婦，孩子都上高中、大學了，所以平日空暇時間，雪慧會報名上一些社區大學的課程，學點東西，認識新朋友，也讓自己不要完全閒著。

「前一陣子我在課程目錄上看到一些新開的財金課程，才在跟我堂哥聊說下期是不是應該一起報名，參加房地產投資的課。他這段時間在考慮之後退休的生活，而我則是想自己從結婚生子後，好像一直都在為其他人忙，從來沒有一個屬於自己的東西或資產。平常省吃儉用不敢買什麼奢侈品，省下來的錢就放在銀行裡，但我實在不想一輩子只當個守財奴。前一陣子聽到一個遠房親戚買房子賺了不少錢，想說應該要好好學習一下投資，不然會錯失時機。」

「但我跟先生說的時候，他第一反應是我閒閒沒事做，想太多，然後說如果我們真的要投資，應該要投資股市。因為他之前聽說部門同事買股票賺了一輛賓士，覺得與其投資房地產，不如投資股票。就這樣，我們倆都快吵起來了，維妮，難道我的想法錯了嗎？」在得知我財務規畫的背景後，雪慧問。

「其實不管是房地產或股票，都只是眾多投資工具的其中之一，兩者間沒有對或錯，而且兩個工具都可以幫助很多人在投資上獲利。你們爭執點在投資上也沒有完全對或完全錯，對是因為完全不理財或把錢放在那兒不管，並不是最好且最負責任的方法，但錯在你還沒有釐清你為什麼投資？投資的目的是什麼？」我說。

想要擁有自己的資產並不是主要的原因，原因有可能是你想要有安全感，所以你選擇這個投資，預期它能夠帶給你這樣的感覺。原因有可能是你不喜歡一天到晚跟先生伸手要錢，你希望有自主跟獨立的感覺，或是你希望有一些額外的收入，能夠讓你買你想要的東西，更或是你希望透過這個投資，能夠讓你們早點退休或送孩子出國讀書。

　　這才是投資的真正目的，獲利率就不是那麼重要了。**獲利率只是選擇的投資物件所連帶的預期結果而已，並非是你所應該一昧追尋的**。所以投資時，如果你還沒釐清楚你的思緒，不知道你的目的到底是什麼，或想要達到的結果是什麼，你就很容易落到很多人碰到的「無預期狀況」。

　　在我為客戶提供諮詢這幾年中，最常聽到的狀況有五種：

**狀況一：**

　　聽到財經政論節目討論什麼就投資什麼，聽到隔壁王媽媽投資獲利，就覺得王媽媽是投資專家，然後追著要「明牌」，結果發現其實自己對那方面什麼都不懂，或買在高點卡在那兒動彈不得。

**狀況二：**

投資高獲利的物件，但不能接受高獲利也代表高風險，所以在投資後晚上睡不著覺，擔心這擔心那的。持續這樣的狀況一段時間後，不只影響到自己的健康，工作表現，也影響到自身的人際關係。

**狀況三：**

投資短期獲利的標的後，每天盯著盤看，看著盤面的漲跌幅就像是坐雲霄飛車或像洗三溫暖一樣，整個人呈現緊繃狀態，看到快出心臟病。最後受不了殺出，才發現根本沒獲什麼利，還自我安慰至少沒賠或沒賠太多，然後跟自己說至少獲得心靈平靜，可是同時也懷疑自己為什麼要走這麼一遭。

**狀況四：**

聽朋友或「財經專家」建議投資某物件，結果被套牢，然後怪人家給的意見是錯的，甚至懷疑自己跟投資無緣。

**狀況五：**

把自己的養老金全部拿去投資，結果投資失利，不僅慘

賠，連養老金都沒了。

「還有很多很多，我可以繼續講下去，但重點是，這都是因為你根本就不知道你為什麼投資？投資的目的是什麼？跟你給自己的時間表是多長？還有你到底適合什麼？」我說。

「我的確看到身邊很多人有你剛剛說的現象，所以才害我想，但又不敢出手。」雪慧說。

「因為工作的關係，我每天都在聽不同的經歷，這些都已經變成是生活的一環了。你應該慶幸現在還沒出手，還有機會先瞭解自身的狀況，以免做出後悔的事情。」我說。

「這樣講也對，那我應該怎麼做呢？」雪慧問。

投資初步，有四件事情要釐清，並開始學習計畫：

## 第一、瞭解投資──什麼是投資？

投資簡單的說，就是在現在投注資本，預期在未來某個時間點內獲得收益或讓資產增值，以達到你想要的目的。大家平常工作已經夠辛苦了，是該訓練你辛苦賺來的錢幫你一起帶錢回來，如果你有時間、有興趣，多瞭解市場狀況是有必要的。

但如果這不是你的專長或興趣，那就敞開心胸跟專業人士合作吧！社會上每個人都各司其職，這些專業的人的存在是有原因，也有必要性的。

## 第二、找到投資動機──為什麼要投資？

動機是你最原始的初衷，是你的夢想。

有些人說，為了要給家人更好的生活，請問更好的生活的定義是什麼？

有些人說，更好的生活就是要買一間更大的房子，讓家人過的舒適。有些人說，我希望多一點時間跟家人相處，享受天倫之樂，並達到工作生活平衡。有些人說，我希望在 55 歲退休，在那個時間點，我的資產可以提供我一定的收入，讓我能做我想做的事，並支付所有的支出。有些人說，我想要不再為錢煩惱，達到心靈的平衡。

你應該去找出自己的動機，並且把它寫下來。當你把事情一個一個記下來後，你就會看到全盤的圖像，以及你應該走的方向了。

找到自己投資的動機，因為它會是你投資時的動力。

### 雪慧的夢想動機
#### 夢想／動機

· 提早退休
· 多花時間陪家人
· 想給家人更舒適的生活
· 買東西不用看標價
· 安全感
· 自由

### 寫下你的夢想動機
#### 夢想／動機

### 第三、投資目標──你的投資目標是什麼？

你想要在短／中／長期獲得的結果是什麼？你是要用被動收入取代現有的薪水，還是要在某個時間點資本倍增或是還清債務？

你可以說：

- 我希望在五年內，每個月多一些零用金可以花；

- 我希望在孩子大學畢業後，送他出國讀書；

- 我希望在五年內買一間更大的房子，這樣一家人就不用擠在一個 10 坪大小的房間裡；

- 我希望在五週年結婚紀念日時，能帶太太去一趟二度蜜月；

- 我希望退休後不用靠別人，就可以自給自足；

- 我希望孩子長大後給每個人一人一間房子；

- 我希望從五十歲開始，可以每個禮拜請人來家裡打掃；

- 我希望每年可以帶家人出國玩。

你可以看到我們寫的目標，有些需要的是在某個時間點，生出一筆資金，有些是需要一筆固定額外收入。因為這些目標跟它所需要的資金不同，再加上時間點的不同，當然它所需要的投資物件就會不同。

你身邊一定要有足夠的流動資金，以便你臨時需要支付什麼費用，或是對的投資在對的時間點出現時，才有資金可以投資。市場上有太多投資工具跟商品，每種投資工具都有一定的特性，優缺點及稅務上的好壞處，你如果有時間可以開始涉獵，如果沒時間、沒興趣，那就跟專家們合作吧！

　　大部分資本倍增的商品，要求至少要有 5 到 20 年的投資時間不能動用，像這樣的物件，預期的利潤都會比較高些，但缺點當然是比較沒有彈性。如果你投資的是唯一的資金或平常還需要額外收入，沒多久你會發現，當不在預期中的事情發生時，你身邊沒有其他資金，只能付違約金把這筆自己辛苦賺來的錢贖回，還打個大折扣。

　　大部分有被動收入的投資物件，固定利潤並不高，像是一般年金，因為要固定發放利潤給投資者，投顧公司必須要確保投資物件不能有太高的跌幅，但投資物件又要提供一定利潤收入。所以，你的投資是長期的，等到贖回的時候，發現這筆錢的成長幅度並沒有增加許多。

　　所以就像我們剛剛說的，什麼樣的目的跟目標，必須配合對的投資物件，才能幫你達到目的。

## 雪慧的目標

· 提早退休
· 多花時間陪家人
· 想給家人更舒適的生活
· 買東西不用看標價
· 安全感
· 自由

**目標**
過程中想達到的里程碑

· 女兒出國留學
· 還清貸款
· 退休

## 寫下你的目標

**目標**
過程中想達到的里程碑

### 第四、投資時間表——是打算長期投資還是短期投資？

投資時間長短會影響投資物件的選擇，如果你預期在 1 到 2 年的時間就需要動用到資金，像是要付頭期款或是要繳學費，那還是放在低風險低利潤的環境就好。

如果你的目標是設在五年左右，放在較高一點的風險，以換來較高一點的利潤。

如果你打算在十年後退休，那投資物件就可以找以資本倍增為目的，而非在這段時間有預期被動收入的商品。

就像投資大師華倫巴菲特說的：「投資需要時間、紀律跟耐心。如果你打算在短期間擁有 2 位數獲利，這可能就不是我能夠幫忙的事，因為這是投機而非投資。」

「把剛剛說的事情都列下來後，再將自己的個人財務狀況跟家庭狀況列出來，就是你的財務計畫了。就像是你去給人家算紫微斗數或八字的命盤一樣，你的財務計畫就很清楚的列在你的眼前了。」我說。

## 雪慧的時間表

時間表

| | NOW | 女兒出國留學 | 還清貸款 | 退休 |
|---|---|---|---|---|
| | | 7年 | 8年 | 8年 |
| 雪慧 | 40 | 47 | 55 | 63 |
| 先生 | 42 | 49 | 57 | 65 |
| 大兒子 | 18 | 25 | 33 | |
| 小女兒 | 15 | 22 | 30 | |

## 把自己的時間表列下

時間表

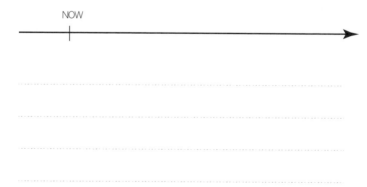

# 雪慧的財務規畫

## 時間表

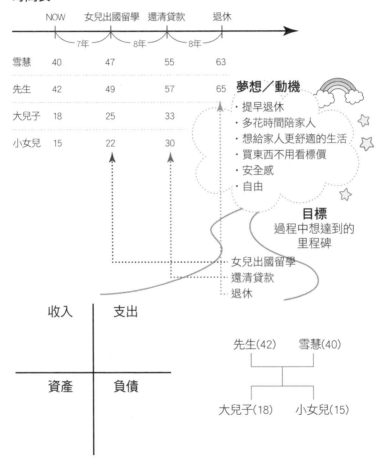

|  | NOW | 女兒出國留學 | 還清貸款 | 退休 |
|---|---|---|---|---|
|  |  | 7年 | 8年 | 8年 |
| 雪慧 | 40 | 47 | 55 | 63 |
| 先生 | 42 | 49 | 57 | 65 |
| 大兒子 | 18 | 25 | 33 |  |
| 小女兒 | 15 | 22 | 30 |  |

**夢想／動機**

- 提早退休
- 多花時間陪家人
- 想給家人更舒適的生活
- 買東西不用看標價
- 安全感
- 自由

**目標**
過程中想達到的
里程碑

女兒出國留學
還清貸款
退休

| 收入 | 支出 |
|---|---|
| 資產 | 負債 |

先生(42)　　雪慧(40)

大兒子(18)　　小女兒(15)

「從來沒有這麼認真的看過自己的財務，感覺真的很清楚耶！」雪慧說。

所有事情都有它的機會成本，有時候穩健反而非壞事，有時候守本不投資，等到時機對了再出手反而更好。

一個有卡債或個人信貸的人，最好的投資就是把債還清，因為，在哪裡都沒辦法找到有 10％到 20％利潤，但沒有風險的投資物件。

一個年過 60 歲，打算在這幾年退休的人，最好的投資就是去瞭解國民年金、勞保年金跟勞工退休金對自己的影響，因為你可以用更有效的方法幫自己省稅，並存下更多的養老金。

最後要提醒的是：

1. 如果連隔壁大媽或擦鞋的鞋童都在講要投資某某物件時，就是市場過熱的時候了。

2. 投資一次的成功不是成功，有時候只是時機對而已。

3. 不投資不懂的東西，即便它聽起來有多好多誘人。

4. 如果覺得自己還沒做好投資的準備，就相信自己的直覺吧！

5. 投資自己是最好的投資，所以，沒事的時候多涉獵的財務的知識。

「我覺得我跟先生應該要瞭解一下我們的目的，畢竟投資是夫妻間重要大事，一定要兩個人都覺得妥當才行。」雪慧說。

「我同意，太多夫妻因為財務關係鬧得不愉快，所以，剛好趁這個機會好好聊聊吧！」我說。

「對了，維妮，我剛剛提到的那個想要退休的堂哥，我是不是可以約他跟你一起見面聊聊。我覺得他跟我一樣，都需要有個人給我們一些觀念分享，這樣才不會像你剛剛舉的例子一樣，把養老金給賠光，坐吃山空。」雪慧說。

「那有什麼問題，這是我的電話號碼，你跟你堂哥安排好時間後跟我說，我們再去附近吃飯喝茶。」我說。

約會 17

# 退休後第二人生的想要與需要
## ——依理財屬性擬定的退休計畫

　　這幾年發現，在忙碌的生活中，找到屬於自己的時間跟空間有多麼的重要。不管這個時間空間是在跑步機上、瑜伽墊上、海邊散步、爬山，還是在家裡的一個小角落，給自己一個禮拜至少 30 分鐘的時間充電，就會發現自己像卜派一樣更有活力。當一個人把自己顧好後，才有能力再幫助其他人。

　　一早運動完後，就快速梳妝打扮，去跟雪慧和她堂哥博瀚見面吃早午餐。在校園旁總是可以找到幾家價格合理又經營得很有特色的早午餐店，好險今天人沒有很多，我們三個找到了這家店後花園的位子坐下。

　　「從來沒來過這邊，還滿舒服的耶！」博瀚說。

「是啊！讓你提早享受退休生活。」雪慧笑笑的說。

點了餐後，我們三個就開始閒聊起來。

「博瀚，我前幾天跟維妮請教了一些投資上的觀念，覺得受益很多。剛好之前我們在討論理財跟報名房地產課的事情，我想說今天約維妮來跟我們分享指引一下。」雪慧說。

「不敢當，是互相學習，倒是博瀚，退休是一件多麼讓人興奮但又讓人緊張的事情，你有什麼想法嗎？」我問。

「維妮，就像你說的，工作了一輩子，終於要退休了，真的還滿開心的，感覺有好多事情想做，但因為現在還在工作沒有時間去完成。同時卻覺得很緊張，畢竟退休後，就沒有固定收入了，雖然有勞退跟年金，但又怕不夠用，如果真要回去工作，誰會要雇用我們這種高齡勞工？我是不奢望孩子將來養我們，畢竟他們這一代有他們的壓力，又有小朋友要養，不回家跟我們伸手就已經很萬幸了。」

「我太太說讓我全權處理財務，但我對投資又不是很瞭解，怕踏錯步。之前聽我跟雪慧的遠房親戚說，他投資買房賺了不少錢，才想說有土斯有財，投資一下房地產應該不會錯，但這幾年政府打房成這樣，我看了也是很緊張。」博瀚說。

「我完全能夠瞭解你的想法，我一半以上的客戶，都是事

先準備退休或是正在準備退休的人，大部分的人都面臨你目前所經歷的感受。想想開心的事情吧！你剛剛說有很多想要做的事，那你想做什麼？」我問。

「其實都是些簡單的小事，不是要買跑車豪宅。我一直想去醫院當志工，之前住院開刀，除了有醫生跟護士的照顧之外，有了志工的幫忙也讓事情變得比較容易些，所以退休之後想要回饋一下。」

「我從幾年前開始收集童玩，但都放在一邊，我也想要把它們整理整理後，買個展示櫃放在家裡的角落陳列出來，讓我每天都可以看到它們。」

「我的兩個小孫女很黏我跟我太太，所以我也希望能夠多一點時間陪她們一起長大。然後我小兒子打算兩年後要跟女朋友結婚，所以我們還有辦婚禮的錢要準備一下。」博瀚說。

「聽起來很不錯耶！簡單但充實的生活。我有跟雪慧提到如何做自己的財務計畫，雪慧，你哪天也跟博瀚分享一下吧！」我說。

這個階段有 3 個思考方向：

## 一、時間表

你打算什麼時候退休？有一個指標性的數值叫「Life expectancy」（預期壽命），這是統計一個出來的數據，它讓我們知道在這個國家的男性或女性，平均壽命是幾歲。有一半的人可能不會活到這個年紀，但有一半的人會活到並超過這個年紀。在做計畫的時候，你必須要確定你的資產足夠讓你活到這個點或超過（除非你要變賣家產）。

## 二、收入跟支出

你必須要非常清楚自己的收入跟支出。收入可以是從勞退或年金來，也可以是從你的投資收益來，或者是兩個的結合。

支出的部分可以分成 Need（必要）跟 Want（想要），你要把它細分出來。

必要的支出像是日常生活開銷跟醫藥費，有些人還有貸款，要繳就應該是從這裡來。不過，如果是要退休的話，最好的狀況就是貸款都還清了，不然這有可能會影響你的生活品質。想要的支出像是出國旅行、買新車、房子整修、小朋友的生日禮物、房子的頭期款或婚禮等大型開銷。

# 博瀚的退休時間表

## 時間表

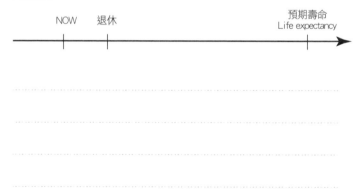

| | NOW | 退休 | |
|---|---|---|---|
| 博瀚 | 64 | 65 | |
| 太太 | 64 | 65 | |
| 大女兒 | 40 | | |
| 大兒子 | 38 | | |
| 小兒子 | 32 | | |

# 你的退休時間表

## 時間表

## 博瀚的退休生活

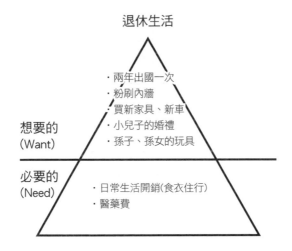

退休生活

想要的
(Want)
· 兩年出國一次
· 粉刷內牆
· 買新家具、新車
· 小兒子的婚禮
· 孫子、孫女的玩具

必要的
(Need)
· 日常生活開銷(食衣住行)
· 醫藥費

## 寫下你想要的退休生活

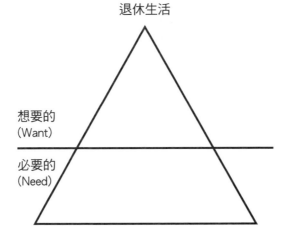

退休生活

想要的
(Want)

必要的
(Need)

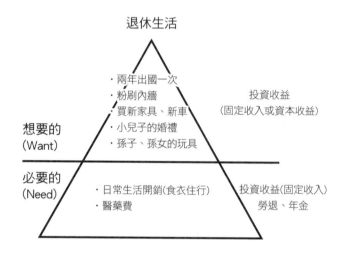

必要支出因為是固定開銷，所以應該要用固定收入支付。

想要支出畢竟是想要的慾望，這是可以調整的，所以我們可以用投資收益來支付。如果支出比所獲得的收入還要高，就應該要調整一下你的生活了。

「這樣解釋退休生活，感覺比較有安全感了！」博瀚說。

「的確，我們的社會並沒有教我們怎麼去做退休規畫，導致大部分的人感到茫然，有時候想想真的很心疼。畢竟工作

了一輩子，終於有機會可以過自己想過的生活，做自己想做的事，但很多人卻成天感到煩惱憂鬱，這個不敢花那個不敢做，這樣的生活有什麼樂趣？透過這個退休計畫，你可以比較安心知道自己未來的生活跟有可能面對的問題。

## 博瀚的退休計畫

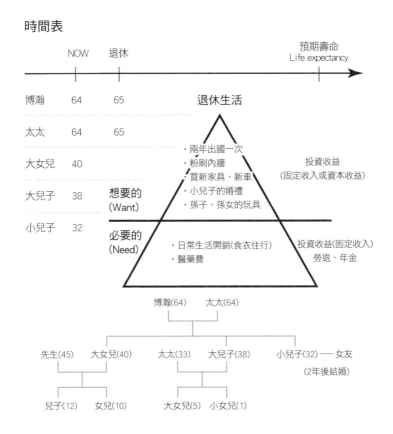

時間表

|  | NOW | 退休 |
|---|---|---|
| 博瀚 | 64 | 65 |
| 太太 | 64 | 65 |
| 大女兒 | 40 | |
| 大兒子 | 38 | |
| 小兒子 | 32 | |

預期壽命
Life expectancy

退休生活

想要的
(Want)

· 兩年出國一次
· 粉刷內牆
· 買新家具、新車
· 小兒子的婚禮
· 孫子、孫女的玩具

投資收益
(固定收入或資本收益)

必要的
(Need)

· 日常生活開銷(食衣住行)
· 醫藥費

投資收益(固定收入)
勞退、年金

博瀚(64)　太太(64)

先生(45)　大女兒(40)　　太太(33)　大兒子(38)　　小兒子(32)——女友
(2年後結婚)

兒子(12)　女兒(10)　　大女兒(5)　小女兒(1)

### 三、你的投資屬性

簡單來說，投資風險屬性是去瞭解你自己本身對風險的態度跟反應。任何理財都有一定的風險性，風險性越低的理財工具或組合，報酬率就相對越低。相反的，風險性越高的資產組合或工具，報酬率就越高。你不想要負擔比自己所能承受的還高的風險，因為這可能會讓你緊張到睡不著覺，你也不想要比自己無法接受程度還要低的投資報酬，因為這樣你才不會嘔氣槌心說自己失去了機會。

在風險跟報酬率之間找到平衡點，讓自己覺得舒服，這就是你的投資風險屬性。

當你找到自己的屬性後，你就會心甘情願，也不會去羨慕別人賺了高報酬，因為你知道那個層級的風險是自己沒有辦法承擔的。然而，很多的投資客卻對投資有浪漫的想法，又想要高的報酬，但卻經不起任何的風險。

「魚與熊掌不可兼得」，如果有風險性低但報酬高的投資，我想也不用說，所有人都會一股腦的跑過去。如果有人跟你說，可以賺高於 20％利潤而且沒有任何風險，這時候你應該立刻加速跑走，以避免上當。所以找到適合自己的投資風險屬性，進而找到適合的資產配置組合，是投資的前置作業。

「我要怎麼知道我的投資風險屬性呢？」博瀚問。

「你可以用一般投資風險問卷分析來找出自己的投資風險屬性，透過問卷分析，可以讓你比較清楚自己適合的資產配置組合跟時間表。」我說。

依風險跟報酬率兩者間的關係，我們可以大概將資產配置組合分成七種，非常保守型、保守型、小心謹慎型、溫合型、穩健型、激進型跟非常激進型。

舉例來說，有一個客戶做了投資屬性分析後，他的投資組合結果是穩健型。穩健型代表可接受適度的市場浮動跟風險，所追求的投資組合是要能提供長期的市值成長而非短期的收入，而投資時間屬中期投資，至少五年的時間。

像這樣的投資組合就會適合 30％＋70％，30％放在比較防禦的投資類型中，70％放在比較成長的投資類型。

我也有客戶的投資屬性是保守型，保守型代表對市場浮動或風險承擔低，追求報酬比存款定存高一些，投資時間適合短期，至少三年的時間，像這樣的投資組合就適合 100％防禦型投資組合。

「什麼樣的投資物件屬於防禦型，什麼又是屬於成長型的工具呢？」博瀚問。

「我就知道你會問這個問題，所以我帶了一張表格來，順便帶了一份投資風險問卷讓你們參考，你跟雪慧可以做做看。

我們把所有的投資物件類型分成 7 類：

1. Cash 現金跟外幣定存

2. Domestic fixed interest 國內固定利息

3. Domestic equities 國內股市

4. Property（direct & securitized）國內外地產或地產衍生性商品

5. International equities（with or without currency hedging overlay）國外股市（包含匯率對沖或非對沖產品）

6. International fixed interest（often hedged）國外固定利息（大部分有匯率對沖）

7. Alternative assets 其它投資物件（如，對沖／套利避險基金、衍生性商品、國家地方公共建設、原物料等）

從這張表格中你可以看到，投資收益浮動跟潛在資本成長越低，就越趨防禦型；越高，則越屬成長型工具。

同時你也可以看到，每一種投資工具都有他的優點跟缺點，把資金完全放在一個投資類型裡，所承擔的風險，不管是市場風險還是機會風險都較高。

記得要分散風險，不要把雞蛋放在同一個籃子裡，才是最明智的選擇。

## 各種投資物件比較表

| 投資物件類型 | 收入穩定度 | 流動性 | 投資收益浮動 | 本金穩定度 | 潛在資本成長 |
|---|---|---|---|---|---|
| 現金 | 高 | 高 | 低 | 高 | 無 |
| 定存 | 高 | 高 | 低 | 高 | 無 |
| 固定利息基金 | 適中 | 適中到高 | 低到適中 | 適中 | 低 |
| 不動產投資信託基金 | 適中 | 適中到高 | 適中到高 | 低到適中 | 適中 |
| 不動產 | 適中 | 適中 | 適中 | 低到適中 | 適中 |
| 股票 | 低到適中 | 適中到高 | 適中到高 | 低到適中 | 適中到高 |

「如果手上的資金有限，又該怎麼投資？」雪慧問。

如果本金有限，與其把所有金額放在單一市場、單一國家、單一區域或單一投資物件上，倒不如透過基金投資來達到風險最小化、獲利最大化的結果。但記得，在做基金投資前，還是老話一句，要做功課。

做功課不是要找過去績效最高的基金，因為過去績效並不代表未來表現。你應該是找投資公司穩健、投資團隊跟投資區塊是否跟自己的概念相符（例如有人非常注重環保，投資物件中有投資菸草公司可能就不適合），中間代理商或代理人的信用度高。最後，很重要的是，基金手續費用合理，手續費若太高，很容易把所獲得的利潤都吃掉。

如果真的覺得頭大，指數型基金費用相對較低，靠的是用長期投資分散風險，這就適合放著不管抱長期的投資者了，但還是得看自己的投資風險屬性喔！

「理財屬性是固定的嗎？」雪慧像學生一樣舉手提問。

「不！每個人隨著自己的經歷成長，有可能理財屬性會變動，所以定期的重新檢視自己的理財屬性是必要的。記住！別

人的經驗不等於自己的經驗，每個人在投資時，要抓準兩個原則：第一，瞭解自己投資的動機、目標跟時間表。第二，瞭解自己的投資屬性並懂得風險分攤的概念。」

「尤其是打算退休的投資者，抓出自己的時間表，並瞭解自己的收入跟支出，這樣才能夠減低你退休後的心理壓力，達到愉快的退休生活。」我說。

「維妮，這個建議實在太中肯了，我不只要好好的跟我太太想一下之後的退休生活，也要跟我一些面臨同樣問題的同事朋友分享，有機會要請你吃大餐了。」博瀚說。

## 理財適性區別圖

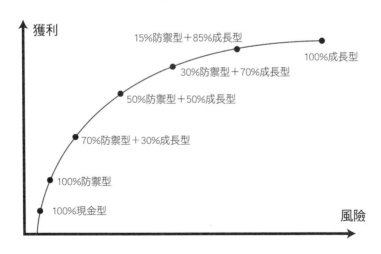

**附件：Risk profile questionnaire（投資風險屬性分析）**

在進行投資時，重要的是要考慮到您可能承擔的風險水平，以及您從投資中獲得的回報。您可能需要考慮您願意承擔的風險與您希望達到的回報水平之間的平衡，還是需要滿足您的需求和目標。

1. 你對投資市場有多熟悉／瞭解？

   A. 非常有限，沒太大興趣。(10 分)

   B. 不是很熟悉。(20 分)

   C. 有足夠的經驗，瞭解「不能把所有雞蛋放在同一個菜籃裡」的理論。(30 分)

   D. 我瞭解市場可能會起起伏伏，不同的市場區間提供不同的收益、成長跟稅務方面的好處。(40 分)

   E. 我對所有投資市場非常有經驗，並瞭解很多因素會影響整體投資表現。(50 分)

2. 你是否曾經投資過並經歷過市值起伏？你感覺如何？

   A. 有，市值起伏讓我覺得非常不舒服。(10 分)

   B. 有，市值起伏讓我覺得有點不舒服。(20 分)

   C. 沒有，我從來沒有過這樣的投資經驗。(30 分)

D.　有，我可以接受市值起伏。(40 分 )

E.　有，我非常能夠接受市值起伏的事實。(50 分 )

3.　你如何描述你對財務風險的看法？

A.　我不喜歡任何有可能財務風險，雖然這可能伴隨有可能的獲利。(10 分 )

B.　我願意接受非常微小的財務風險，這可能可以提供我超過銀行存款的利息。(20 分 )

C.　我願意接受適度的財務風險，如果這可以提供我長期的獲利。(30 分 )

D.　我願意接受較高的財務風險，如果這可以提供我長期的獲利。(40 分 )

E.　我是高風險追求者，這可以提供我長期的獲利，我可以接受融資借貸或其他非主流或替代性商品。(50 分 )

4.　通貨膨脹指的是整體的商品或服務的價格提高。由於商品跟服務的價格提高，你的錢就會相較的縮小，因為你必須要用更高的價格，購買相同的商品與服務。

以下那點對你在投資時最重要？

A. 我只想要保本，雖然這代表，我可能無法趕上通貨膨脹。(10 分)

B. 我想要保本，但我希望我的投資能達到通貨膨脹水平。(20 分)

C. 我願意接受短期小幅的市場起伏，以達到小幅超過通貨膨脹水平的獲利。(30 分)

D. 我願意接受短期適度的市場起伏，目標是達到超過通貨膨脹水平的獲利。(40 分)

E. 我願意接受短期高度的市場起伏，目標是達到遠超過通貨膨脹水平的獲利。(50 分)

5. 投資都有高低起伏，你能夠接受短期投資多大的高低起伏？

A. 我沒有辦法接受市場高低起伏。(10 分)

B. 跌幅在 5％之內。(20 分)

C. 跌幅在 10％之內。(30 分)

D. 跌幅在 25％之內。(40 分)

E. 跌幅在 50％之內。(50 分)

6. 如果你的投資組合市值，因為市場走勢下滑而減少價值，你的反應是什麼？

   A. 我完全無法想像，保本是我最終的目標。(10 分)

   B. 我會馬上贖回，減少損失。(20 分)

   C. 我會有所考量，但會靜觀其變。(30 分)

   D. 這是我能夠接受跟瞭解的市場起伏，我會放著不動，靜待市場回溫。(40 分)

   E. 這是投資的好時機，我會買更多的投資物件，並預期未來的高成長率。(50 分)


7. 以下那句話最能夠誠述你在作財務決定的看法？

   A. 非常保守。(10 分)

   B. 對損失有一定的考量。(20 分)

   C. 還好，損失時會不太舒服，但大致上對財務還是小小抱持樂觀的看法。(30 分)

   D. 可以接受一定的損失，大致上對財務抱持樂觀的看法。(40 分)

   E. 非常樂觀。(50 分)

## Investor risk profile 結果

- 0 ～ 100 非常保守：適合短期投資，非常低的市場浮動跟風險，回報跟存款定存類似的報酬── 100％現金型投資物件。

- 101 ～ 140 保守：適合短期投資，至少 3 年的時間，低市場浮動跟風險，回報追求比存款定存再高一點的報酬── 100％防禦型投資組合。

- 141 ～ 170 小心謹慎：適合短期投資，至少 3 年的時間，適度的市場浮動跟風險，追求定期的投資收入跟些微未來的市值成長── 70％防禦型＋ 30％成長型。

- 171 ～ 200 溫合型：適合中短期投資，至少 3 ～ 5 年的時間，可接受適度的市場浮動跟風險，追求投資組合提供一定的收入跟市值成長，但需要有一定的保本成分── 50％防禦型＋ 50％成長型。

- 201 ～ 250 穩健型：適合中期投資，至少 5 年的時間，接受適度的市場浮動跟風險，追求投資組合提供長期的市值成長而非短期的收入，願意接受投資組合有一定百分比投資在成長型物件── 30％防禦型＋ 70％

成長型。

- 251 ～ 300 **激進型**：適合中長期投資，至少 5 ～ 7 年
  的時間，願意接受投資組合有高百分比投資在成長型
  物件── 15％防禦型＋ 85％成長型。

- 301 ～ 350 **非常激進型**：適合長期投資，超過 7 年的
  時間，非常願意接受投資組合 100％投資在成長型物
  件── 100％成長型。

## 各投資組合的風險跟獲利

|  | 投資組合 | 高過通貨膨脹的獲利 |
|---|---|---|
| 非常保守型 | 100％現金型投資物件 | 1.9％ |
| 保守型 | 100％防禦型投資組合 | 2.2％ |
| 小心謹慎型 | 70％防禦型、30％成長型 | 3.4％ |
| 溫合型 | 50％防禦型、50％成長型 | 4.1％ |
| 穩健型 | 30％防禦型、70％成長型 | 4.9％ |
| 激進型 | 15％防禦型、85％成長型 | 5.2％ |
| 非常激進型 | 100％成長型 | 5.8％ |

約會 *18*

# 理性的非理性
## ——瞭解自己，用時間製造最好的投資結果

　　久未見面的好友欣靜，抱怨我每次回臺灣總是來去匆匆，沒辦法跟我見到面，所以這次怎麼樣都要約我到家裡吃飯。

　　欣靜之前透過朋友介紹認識她先生偉倫，兩人結婚後育有兩子，過著雙薪小家庭的生活，兩個小孩今年剛升幼稚園中班跟大班。由於偉倫的工作時間比較長，平常早上他們一起出門順便帶孩子去上學，下班後就由欣靜到保母家接孩子回家。

　　「維妮，今晚沒準備什麼好料，就簡單炒個幾道菜跟火鍋，你就將就點，不過我倒是叫偉倫今天早一點回家吃飯。」欣靜說。

「怎麼會將就，開心都來不及了，你平常都這麼忙了，還要你準備晚餐，下次我們就直接到外頭吃好了。」我說。

「你難得來，這是應該的，我聽到鑰匙聲，應該是偉倫回來了。」欣靜說。

欣靜跟偉倫交往時，我們就時常一起約吃飯，也算熟悉。偉倫把公事包放下後，就過來飯桌一起吃飯聊天，好友就是一開話匣子什麼都可以聊，聊小孩、聊工作、聊生活，兩人也不把我當外人，三不五時就互相鬥嘴一下。

「我跟偉倫說，孩子的童年只有一次，雖然他忙，工作時間又長，但他還是應該要找出時間多陪伴孩子。這還不打緊，讓我最嘔的是偉倫之前投資股票，把我們原本準備的安親費用賠掉了，那都是我們辛苦賺來的錢耶！所以我就跟他說，不要一直道聽塗說，或是每天盯著股市看，看了也沒用，把自己搞得烏煙瘴氣的。這樣不只影響到工作表現，也把臭脾氣帶回家，我們倆也因為這樣有些小爭執。」看得出來欣靜已經憋了一段時間了，今天整個把悶氣都丟出來。

「我還不是希望給你們更好的生活，如果投資獲利的話，還可以帶你跟孩子一起出國去玩。」偉倫說。

「維妮，既然你現在是做財務規畫的，可不可以為我們指

點一下。」欣靜說。

「說指點就言重了，但我倒是可以分享一個有趣的理論叫行為經濟學（Behavioral economics），這理論解釋了為什麼會有市場崩盤或過熱現象，說不定可以幫助偉倫調整投資的方向跟方法。」我說。

「聽起來滿有趣的，我就洗耳恭聽了！」偉倫說。

「好，先問你們，你們認為每個人在做決策的時候都是理性的嗎？」我問。

「是啊！我想至少我是理性的。」偉倫說。

「是嗎？我覺得你是完全非理性！」欣靜說。

我在旁邊忍住不笑。

「我們在做投資決策的時候，常會先去看看投資標的過去表現，或是去看投資專家或經濟學者的分析。因為我們想要作理性的決策，而投資專家跟學者在作投資分析的時候，也假設人在做決策時是理性、可預測的。這樣說合理嗎？」我問。

「合理！」偉倫跟欣靜同時說。

「大部分的時間我們就如同預期的一樣是理性的，所以你去超市買菜，看到商品降價，會多買一些，商品漲價，就不買或少買一些。在投資時，像買房子，大部分的人會先試算一下

成本，也會跟其他同一區塊的房價比較，確保你買的價格比市場價格低，然後逢低進場，這樣說對嗎？」我說。

「對啊！尤其是每次風災後，菜價就變貴，我就會少買一些或改買其他的食材。買房子當然要比價，才不會買到高點啊！」欣靜說。

每個人投資當然都希望獲利，而獲利來自於投資物件的市場需求變高或其他市場因素，使得該物件價格變高，持有者在賣出時賺取的差價就是獲利，所以投資人努力鑽研市場趨勢，想要確保他們的投資是對的。

同時，投資者的行為會影響市場表現，而市場表現也會影響了投資者的獲利，兩者之間互相影響。如果眾多投資者投資在某個市場上，該市場上的交易就會變活絡，市場需求就有機會變高，價格也有機會升高，持有者能夠賺取的價差也會有機會變高。所以投資人要靠市場趨勢確保自己的獲利，而市場表現要靠投資人的行為以避免有過熱或過冷的現象。

但，如果投資者一直都是理性的，又要怎麼解釋十七世紀的鬱金花狂熱、1994 年的債券市場危機及 2001 年跟 2008 年全球經濟危機？

　　現實生活中，投資者並不是永遠保持腦袋清楚，會去試算所有可能性，投資者其實很容易被煽動，並作出非理性的行為。

　　投資者總是聽到其他人在某個市場或物件上獲利後跟風，在價格高點買進，聽到某個不利的風聲或消息後，一個緊張，結果在低點賣出，這些行為就造成了市場上的暴漲跟崩盤。

　　數據顯示，一般投資客在市場出現三季連續的負成長後，就會立即出場或停止投資，但這其實是在市場到底盤回溫前的現象而已，當投資者瞭解自己所發生的錯誤後，他們便增加自己的投資數，試圖補償所錯失的好機會。就這樣，又是過冷跟過熱，歷史不停的重演中。

　　所以，當我們想要理性的去分析投資物件的價格時，所獲得的資訊有很多都已經被市場扭曲了。而證券市場價格，已不再是單純的由證券內部價值所決定而已，還有很大程度上是受到投資者主體行為的影響。

　　這些投資行為變得越來越不理性，越來越難控制，當眾多的投資者產生了狂熱或緊張的非理性行為時，市場就反應了這樣的現象。

為什麼會有這些群體的非理性行為呢？這些行為其實可以歸咎於投資者在投資時有限的注意力、過度自信、過度樂觀、群體心態跟人云亦云的反應。

行為經濟就是在研究人類的理性跟非理性行為，從研究中，學者發現投資者在做決策的過程中，受到三大層面的結合影響：心理層面（Psychological）、社會層面（Social）及情緒與認知（Emotional）。

當人收到資訊後開始做決策，不僅會受自己心理跟情緒的反應左右，也會自覺或不自覺的尋求社會的認同，最後產生了決策。這已經不是當初想像的，接收資訊然後做出選擇那麼單純、那麼簡單，這樣的人性跟決策過程，影響了市場價格及投資報酬的結果。

「所以單看投資物件的資訊，雖然可以當作參考，但卻無法給我們全盤的趨勢預測，因為投資者的行為會左右市場的走勢，是這樣說的嗎？」偉倫說。

「沒錯！另外，所有投資都有風險，行為經濟學也針對人類對風險的反應做了一系列的研究。如果給你們兩個選項，一

個是直接給你 50 元，另一個是你可以從兩個封起來的信封中
選擇其一，這兩個信封裡一個有 100 元，另一個什麼都沒有。
如果選到 100 元的信封，你就可以把 100 元帶走，但如果選到
空的信封袋，你就什麼都沒有。你會選擇哪一個？」我問。

「我直接拿 50 元。」欣靜說。

「我可能會試試手氣，挑其中一個信封袋。」偉倫說。

「其實，兩個的選項的數值都是一樣的。偉倫選擇從信封
袋中選擇其一，是 50/50 的機率，數值是 50 元，欣靜選擇直
接拿 50 元，數值也是 50，所以這兩個結果是一樣的。但為什
麼大部分的人跟欣靜一樣會選擇直接拿 50 元呢？因為，大部
分的人喜歡確定性。」

「同樣的選項，但這次不是直接給你 50 元，我只給你 45
元，兩個封起來的信封還是一樣，一個裝 100 元，另一個什麼
都沒有。你會選擇哪一個？」我問。

「我想我還是會選擇直接拿 45 元。」欣靜看看偉倫後說。

「如果我們看這樣的選擇，好像有點不合邏輯，因為它呈
現的數值是比平均值 50 元來得低，但為什麼大部分的人跟欣
靜一樣還是會選擇這個選項呢？」我說。

人類不只喜歡確定性，人類更厭惡損失，有可能的損失比有可能獲得的獲利更難讓人忍受。所以，其實我們並沒有我們想像中的那麼理性，我們並沒有想像中的那麼能夠接受風險。

　　這些衍生的理論也被應用到我們的生活中，舉凡政治、行銷、經濟、投資、心理等等左右我們的決策。像是行銷上常見的，一家健身房廣告打年費 3650 元跟一天只要 10 元，一樣的東西，我們卻會選擇一天 10 元。

　　電視機一臺 8999 元跟一臺 9000 元其實只差 1 元，但大部分的人會因為覺得自己賺到了而選擇買 8999 元，這是人類心態上不喜歡損失的表現。如果你真的相信自己所看到的，或是相信自己的選擇，think again。

　　這就是為什麼投資都有可能會失誤，或是聽到太多人沒有賺到錢，因為人是非理性的。在我這幾年的財務規畫職涯中，碰過上百上千個客戶，每個人需求的不一樣也都一樣——我想要財務自由，但又想不用擔心有的沒的！

　　但你的財務自由跟我的不一樣，你的風險接受程度跟我的也不一樣，你喜歡的投資工具跟我能接受的投資工具也不一樣。沒有誰對誰錯，誰好不好，重點是這個投資選擇到底適不

適合你。

「這樣一講，我是不是應該把之前買的一些研究基本面跟技術面的書放到旁邊去晾著？那我們應該怎麼做才能比較『理性』呢？」偉倫說。

「書還是可以看、可以參考，因為投資自己才是最好的投資，不過人性弱點卻是沒有辦法控制的，這是無法改變的事實。」我說。

該怎麼做呢？還是老話一句，投資首重瞭解自己。瞭解自己的投資目的、投資目標、投資時間長短，還有自己的投資屬性。如果不瞭解自己，做出來的決策也不會是太正確的，一次獲利並不代表你就變成投資大師，有時候只是運氣好而已。

再來，每個市場都有它的規則跟不規則的起伏，如果把所有的投資都放在同一種類或同一區域的市場，就增加了被市場上不理性影響的機率。

所以在投資組合上如果要減低風險性，就應該懂得分散風險，就像人家說的，不要把所有雞蛋放在同一個籃子裡。選擇投資時應該選擇非單一區域、非單一市場、非單一國家跟非單

一資金類型的物件。

另外，用時間來幫你製造投資最好的結果，就像人家說放長線釣大魚，投資像選對象一樣，一定要慎選，選擇可以長期持有的，用時間來幫你創造投資最大效應。

市場都有波動，除非你長期待在電腦前看，不然以一般人忙碌的生活，要工作、要照顧家庭，很多人注重生活品質，實在沒有時間一直盯著電腦螢幕看，不妨選擇定期定額、成本平均分攤法（Dollar Cost Averaging）達到分攤市場波動的風險。

「至於分攤風險跟成本平均分攤法，我們之後有空再說了。」我說。

「我覺得透過今天的談話，讓我瞭解之前的短期操盤，自以為的逢低買進，在事件前急殺出，然後因為時間看得不準、方向看不對或其他種種因素，導致最後投資的結果不如預期，不僅影響到我的工作，也影響到我最愛的家人。原來我並沒有如我想像中那麼理性去投資，今天學到一課，還好我們還年輕，還有時間去做更正。」偉倫說。

「太好了！聽到你這樣說，我這一餐煮得實在太值得了。對了，維妮，你還記得 Bella 嗎？她約我下週六跟她去參加品

酒會，想說你們很久沒見了，要不要一起去？我已經跟偉倫請假了！」欣靜說。

「當然記得 Bella，沒問題，算我一份！好久沒聽到她的消息了，一定要好好敘舊一下。」我說。

「好，欣靜，那你跟維妮那天就好好吃一頓，我請客！」偉倫說。

「好耶！」欣靜說。

## 風險無所不在──無法避免，只能分散

今天的品酒會在飯店泰式餐廳舉辦，品的是西澳幾個著名酒莊的葡萄酒，來之前 Bella 的男友已經幫我跟欣靜還有 Bella 訂好包廂了。

等待欣靜的時候在餐廳前碰到 Bella，我跟 Bella 兩人興奮的給彼此一個熱情的擁抱，等到欣靜後，我們三人就直接進餐廳到我們的訂位包廂。

「Bella，真的好久不見了！最近好嗎？」我問。

「老樣子，還是一樣忙，最近在忙學校的成果發展會，所以很多事都要帶回家做。還好，我男友三不五時會幫我訂 Wine Tasting 的活動，讓我有時間跟朋友相聚，順便品嚐好酒。你呢？聽說你結婚搬到澳洲了，過得好嗎？」Bella 說。

　　三個女人在一起就有聊不完的話！

　　聽 Bella 說因為 Bella 男友在酒商工作的關係，時常會舉辦像這樣小型的品酒會。Bella 目前在當跑堂老師，因自己愛小孩，所以雖然工作量大，時常忙著跑不同園所，Bella 還是樂在其中。

　　「我男友說最近他身邊的人時常在聊葡萄酒投資，他也想說是不是要跟進一起投資。維妮，你覺得可不可行啊？畢竟你做財務規畫又待在盛產葡萄酒的澳洲，至少懂得比我多。」Bella 問。

　　「葡萄酒是門大學問，即便這幾年時常接觸，我還是覺得自己很多時候摸不著邊。如果只是單純飲酒或享受，其實沒什麼不好，只是覺得嘴巴被養刁了，越來越挑剔。我自己雖然略懂品酒也收藏酒，但對投資葡萄酒就不是那麼懂了。不過，你若問我一些理性投資跟降低風險的概念，我倒是可以分享一些。」我說。

　　「理性投資？降低風險？這個重要。」Bella 說。

　　「所有投資都有風險，不管是機會風險、市場風險、策略風險等等。一般來說，高風險高收益，低風險低收益，這是大部分的人都知道的事。」

「很多人說，我不懂理財且抗壓力小，所以我就把錢放在銀行、床墊下，或是去買債券這類看起來比較穩的投資物件，這樣總沒風險了吧！但是『你不理財，財不理你』，就像是我們生活中的任何關係，關係是雙向的、是要互動的、是要好好經營的。接觸一些簡單的理財概念，開始建立自己的理財腦袋，這才是明智、理智的。」我說。

　　「把錢放在銀行裡應該不會有太大風險吧？」欣靜問。

　　「怎麼會沒有？當市場景氣好的時候，投資獲利就比放在銀行賺小小利息或一點利息都沒有來得好，這也是一種機會風險（opportunity risk）。就像剛剛說的，所有投資都是有風險的。」我說。

　　既然這樣，有沒有什麼辦法可以降低風險呢？有幾個方法，一個是理性投資，另一個是分散風險，當然還有其他的方法，我們先不談那麼多。

　　先來說理性投資，例如把錢放在銀行裡，很多人認為貨幣型資產，像是現金、定存或國家公債是安全的投資，但投資大師巴菲特卻認為這是最危險的資產，原因是如果看過去這個世紀的貨幣性資產走勢就會發現，貨幣型資產的購買能力只有跌

沒有漲。

很多人會說至少貨幣型資產會提供利息，這好像沒什麼不好，但如果把通貨膨脹跟個人應繳稅金加上去後，你大概也會笑你自己，所謂的利息離預期中未來能擁有更高的購買力，還差得遠呢！

但並不是說不要有任何現金，事實上在投資過程中，保持一定流動資金必要的。持有一定的流動資金是為了保障不可預見的事件發生，以及為下一個投資做準備。所以理性投資的第一步，務必在投資過程中要保持一定的流動資金。

除了這個功效之外，貨幣型資金並不應該視為長期投資或是被看好的投資物件。

再來就是不投資完全不會產生任何東西或價值的資產，像十七世紀的鬱金香狂熱或現今的黃金潮，這種資產是買家在購買時，心理預期未來其他人可能會用更高的價格購買。其他買家之所以會用高價購買，是因為市場上充斥著害怕失去的恐懼，怕這些資產不會再被生產。

但你可以擁有一盎司的金條，然後把它好好保存著，一個世紀後，它還是一盎司的金條，它不會因為你保存的好或保存的時間長就長出金絲，它還是一盎司的金條。

巴菲特認為黃金的漲幅其實是人為一窩蜂的炒作，製造出如同事實的假象跟恐懼，另外就是很多人趕流行，但不知道事實真相所產出的結果。如果只看黃金本質，除了非常少量的使用在工業或裝飾品上，黃金基本上沒有任何用處。

所以，理性的投資應該是投資在有產值跟能增加產值的投資物件上，像企業（股市）、農田（農作物）、不動產（飯店）等，投資應該像是經營事業一樣認真，而投資物件應該是本身就會產生產值的資產，並有提供產品或服務的能力，最理想的是產值能夠超過通貨膨脹。

這些事業不斷精進，提供更多更好的產品跟服務來滿足一般消費大眾，由於不斷增加跟不斷精進，這些事業體的未來競爭力跟購買力也會增加。長期下來，透過自身的能力再加上複利的魅力才會是常勝軍，才是最安全的投資。


「真的耶！之前我娘家那邊每個人都在瘋黃金存摺，買黃金條，每天跑銀樓，我都不知道他們在瘋什麼？現在金價下跌或價格調整，我看他們整個資金都卡在那動彈不得。」欣靜說。

「你下次就可以跟他們解釋他們的不理性行為了！」我說。

就風險上來說，我們會碰到各種不同的投資風險，像是：

- Currency risk 貨幣風險
- Market risk 市場風險
- Inflation risk 通貨膨脹風險
- Strategy risk 策略風險
- Credit risk 信用風險
- Liquidity risk 流動風險
- Fund manager risk 基金經理人風險
- Opportunity risk 機會風險
- Market timing 進場時機風險
- Lack of diversification 缺乏分散性風險
- Fraud and scams 詐騙／騙局風險

我記得有一天在工作的時候，一位中國大媽不知道從哪兒找到我的資訊，然後打電話給我。打來也不說她是誰，劈頭就直接問：「欸，你是不是那個誰誰誰，你那邊有沒有獲利25％以上的投資物件報一下，我打算投資後再轉售給中國國內的投資客。」

我很客氣的說：「這位小姐，謝謝你的來電。不過，這裡

是銀行，並不是印鈔廠，也不是詐騙集團。如果你有這樣的投資物件要記得跟我說，我也想投資。」

不過，這社會上什麼人都有，風險無所不在，你把錢放在銀行不投資是一種風險，你把錢拿出來投資，也是一種風險。既然如此，在投資過程中分散風險就變得非常重要。

降低風險的方式有很多，常見的兩種方式：

* 資產配置多樣化（Diversification）；
* 成本平均分攤法或我們說的定期定額投資（Dollar Cost Averaging）。

我們先講資產配置多樣化。每一個資產類別（asset class）都有它的週期循環，不管是現金、債券、股票、房地產或其他替代性商品等，而每個資產類別也跟其他的資產類別有相關性，不管是相同走勢、等比走勢、相對走勢或完全沒有相關性。如果投資組合能夠有效管理各個資產類別，就能夠減少風險性。

舉例來說，當經濟活動力低時，政府為了促進民眾消費而不是把錢存在銀行裡，央行就會使出降低利息殖利率。當一般百姓看到放在銀行的錢就像是死錢一樣，就會開始去找尋有可

能獲利的投資，像投資股市。然後，股市開始滾動，交易開始活絡，需求開始提高，而獲利也相對的提高。所以，你可以看到現金的走勢跟股市的走勢就是相對性的。

專家們發現，由於現代人趨於短視，市場也相對變得更短視，獲利幅度也越來越小。再來，由於網路的發達及各國之間的交易越趨頻繁，各個市場對當地政經活動及對全球的需求也變化越來越大，這顯現在各個資產類別上，結果發現各個資產的相關性變得越來越強。

所以在資產配置上，應該要將資產放在不同的資產類別中，這樣，當一個資產類別在它的週期低點時，其他資產類別能夠處於高點或跟它沒有相關性的走向，這樣你的每個小軍將才能夠幫你帶來更多的財富，而不是全部都被套牢。至於要放多少在每個資產類別裡，這就要看你的投資屬性了。

舉例來說，如果你是穩健型的投資者，資產配置建議是30％放在防禦型資產類別，70％放在成長行資產類別。這就代表，你的30％資金應該放在像是現金、定存、固定利息、債券等保守型資產，70％的資金應該放在像是股市、房地產、國家建設及其他替代性商品的資產上。

事實上，因為各個資產的相關性變強，如何保持高獲利也

是目前專家們專注跟覺得很有挑戰的地方。如果專家們都覺得很有挑戰，更何況是一般投資者，投資者若要在短期獲利，除非每天盯螢幕操盤，不然能獲利的機會並不高。

但短期獲利也可能伴隨短期損失，如果你心臟夠強，又有時間跟本錢，這樣的操作方式可能適合你。如果想要有生活品質，不希望每天擔心高高低低像心電圖的指數，希望是穩健均衡的長期投資，不妨到投資銀行或是財金理財網，選擇平衡型基金、ETF 或指數型基金等，會比選擇單一區域、單一市場、單一國家、單一資金類型來的風險性低些。尤其是當你剛起步或資本比較小的時候，這就是我們說的資產配置多樣化了。

「投資真是一門大學問呢！不過透過維妮今天的分享，我覺得對於投資比較有頭緒，而不是人云亦云的到處亂撞壁了。重點是像你剛剛說的，在投資的時候慎選理性的投資方法，並做到降低風險，我這樣說對嗎？」Bella 問。

「沒錯！好啦！我們是不是應該來認真品酒了，今天的酒是我熟悉的，看看我們的感覺是不是一樣？」我說。

## 約會 *20*

# 日常生活與各種交易市場的相互影響
## ——景氣循環與成本分攤

　　參加社團的好處就是成員來自不同背景，但每個人都有共同的嗜好，之前在臺灣時參加一些戶外運動活動，認識了不少特別的朋友。雖然後來大家各奔東西，但談得來的一些朋友，像好友 Karen，還是持續保持聯絡。所以趁這次兩人都在臺灣的時候，怎麼說都一定要聚一下。

　　Karen 提議我們一早在貴子坑步道口見面，登山完後在去吃一頓營養早餐。貴子坑親山步道在北投區，全長大約 3 公里，登山途中風景宜人，步道又有點挑戰性，適合我們兩個愛戶外又愛聊天的個性。

　　「你也真會跑耶，時常看到你在臉書上更新，又到不同國

家旅行。」我說。

「你也知道我沒家累，最大嗜好就是到處旅行啦！而且我人緣好、朋友多，放假時間就當然應該出去走走！」Karen 說。

Karen 是個不婚主義者，愛好自由，完全不想被束縛住。問她最大的嗜好，她會毫不思考的說：「當然是到處旅行啦！」

「不過老實說，可能是年紀越來越大，最近突然在想是不是應該來學習一下投資，總不能到老了還是不停工作、不停玩耍，可是沒什麼積蓄。前一陣子去書局買了本理財的書，才剛開始看，但看到景氣循環就睡著了。今天趁你在，要來請教一下，你可不可以用簡單一點的方式解釋給我聽，景氣循環到底是什麼東西？它又跟我要理財有什麼關係？不然我怕我看書看到沒興趣，到後來就乾脆忘得一乾二淨。」Karen 說。

「好啊！打鐵趁熱，趁現在你有興趣，我來試試看。不過，等一下那一攤就讓你請了。」我說。

「那有什麼問題！」Karen 回。


我們生活中充斥著一買一賣的交易，這個買賣可以是商品、服務、資產或任何東西。就像爬山口渴了，看到路邊奶奶賣礦泉水，我用金錢去買，這一買一賣就是交易。我腿痠了，

付錢請人家按摩，這一買一賣也是交易。有人持某家公司的股票想賣，我看到價錢合理就接手，這一買一賣也是一種交易。

像這樣一買一賣的交易，發生在同一個商品或貨物上，就成了那個商品或貨物的市場，像汽車市場、股票市場、小麥市場，人有越多的錢，市場上就有越多的交易。

這個買賣的雙方，並不界定是誰，任何人、任何公司，甚至是任何國家都可以進行像這樣的交易，事實上，市場上最大的交易者就是各國的政府。同樣的，若交易在同一個商品或貨物上，就成了那個商品或貨物的市場。

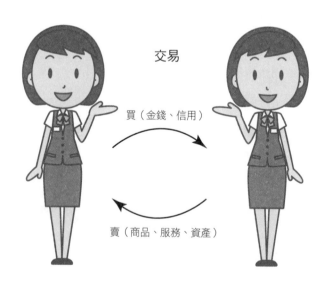

交易

買（金錢、信用）

賣（商品、服務、資產）

這樣的買賣不僅僅用現金兌換，也可以用信用兌換，信用的概念有點像賒帳，我先獲得我要的商品服務或資產，之後再付款。所以，錢或信用越多，市場上的交易就越多。

如果把所有的現金跟信用加起來，除以所換取的商品、服務或資產，就可以知道這個市場的經濟狀況。

## 經濟生產率

市場或國家

購買
（金錢、信用）
總金額

$=$　平均總價格
經濟生產率

銷售
（商品、服務、資產）
總商品資產

金錢

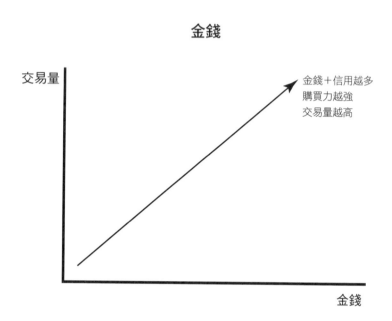

交易量

金錢＋信用越多
購買力越強
交易量越高

金錢

　　如果把一個國家所有的市場交易集合起來，然後把所有的現金跟信用加起來，除以所換取的商品、服務或資產，就可以知道這個國家的經濟狀況或經濟生產率。高生產力，產生更多的收入（錢或信用）、更多的收入，產生更多交易，所以這條經濟生產力線照理說是一條往上升的直線。

　　人類的自然反應，當收入不多、生活簡單時，需求並不大，交易量也不多。但當生活所需變高或人們想做生意、需要用更多的資金時，這時候就會去借款。借款跟任何的買賣交易

一樣，也是有兩方，這時候的兩方就成了一個借錢的貸款人（像銀行）跟一個需要資金的借款人（像個人或公司）。這種先獲得我要的商品服務或資產，之後再付款，就是我們剛剛說的「信用」。借款人拿到「信用」後，就用這個「信用」去買東西或去擴張事業。

原本的一買一賣是單純的，市場上有多少錢，就有多少交易，是一條單純的直線。但當信用進來後，消費力增加，買賣的交易量也增加，它變成了一條曲線。

### 金錢＋信用

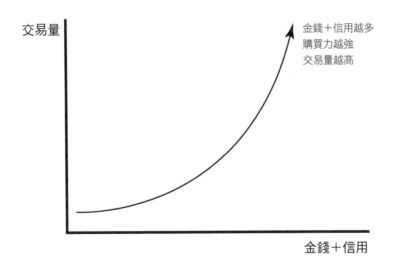

金錢＋信用越多
購買力越強
交易量越高

　　當然貸款人借錢出去的時候不會白白借，他預期另一方在未來的某個時間點會還給他本金跟一筆酬勞（利息），而借款人也承諾會將本金跟利息交付給貸款人。所以，市場上越多信用，就有越多的消費能力，交易量就越多。

　　貸款人看借錢的人的狀況，如果借錢的人的工作穩定或生意穩定，且收入高，貸款人覺得有安全感，就願意給較高的信用額度給對方。市場上信用額度越高，買賣的交易量就越多。想像一下使用信用卡，一個人有高的信用額度，他的消費就容易增加，當信用增加，消費增加，交易量就增加。

## 市場循環

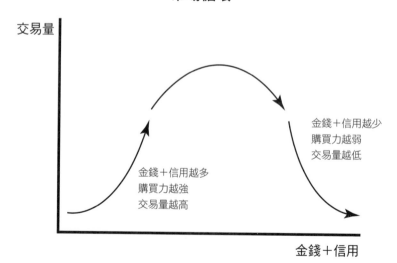

金錢＋信用越多
購買力越強
交易量越高

金錢＋信用越少
購買力越弱
交易量越低

交易量

金錢＋信用

然而，貸款總是要還的，所以當你收入多或信用高的時候，你的消費能力就高，當你收入低或需要還債時，你就得收緊褲帶，這時候你的消費能力就降低，你就產生了週期，而市場上的活動就有了週期，所以我們可以說是信用（貸款）產生週期。

　　當每個人的生活品質增加，消費能力增加，需求增加，商品服務或資產的價格反應了市場的需求增加，就產生了景氣循環裡的擴張期。

　　另一個對市場有很大影響的就是央行，央行控制國家的利率高低，以避免市場過熱或市場過度低迷。當然，政府央行不想要市場過熱，因為這樣會導致物價越來越高，所以它就調高利率。

　　當政府調高利率後，消費者看到貸款利率變高，要繳回去付貸款的錢就變高，這時候，消費的能力就變低。當消費能力變低，交易就變低，需求變少，商品服務或資產的價格就變低，這時候就產生了景氣循環的衰退期。

　　這樣的來來回回就產生了景氣循環，一般來說短期循環都差不多在 5 到 8 年。

　　但，人類行為變得越來越複雜，央行為了促使消費能力

增加，讓市場更活絡，而降低利率，但如果降低到 0 也就沒法再降了。再加上人們的借貸行為改變，償還貸款的時間慢慢延長，變成長期貸款，景氣循環就變得越來越複雜。

除非對經濟有一定的瞭解，否則對一般大眾來說就會發現，將過去的理論套用到現在的市場，卻還是抓不出頭緒來。因為一切都在變，而且速度越變越快，這就是景氣循環或市場週期的概念。

## 擴張期與衰退期

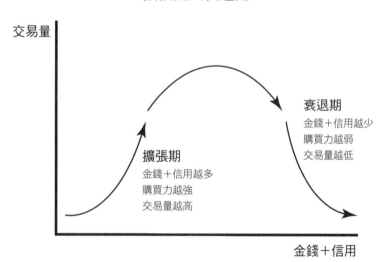

「所以，我們所有生活中的活動都影響到市場，而市場又影響到我們日常生活。」Karen 說。

「沒錯，把它放大，只要有人類的地方，就會有週期循環，每個資產類型也都有它的週期循環，你或許沒有感覺它的存在，但它一直不斷的發生。」我說。

「如果這樣，我要怎麼樣才知道該做什麼投資，又要什麼時候進場？總不能一直盯著市場看吧！而且看也看不懂。」Karen 說。

當你在投資時，降低風險會是你在投資獲利上很重要的一環，這可以用分散風險的方式達成，也就是說，不要把雞蛋放在同一個籃子裡。如果你的資金有限，無法做到大的投資組合，那用組合式基金來達到降低投資風險的功效。

另外，投資應該是要看長期，如果不知道要從何開始，或不確定哪個時機點是進場的好時機，那就用成本平均分攤法，或我們說的定期定額（Dollar Cost Averaging）的方法來投資。

定期定額投資的概念就是市場走勢有高有低，如果不是每天盯著螢幕看的投資客，市場走勢如何，實在沒人看得準，所以用設定固定時間點（每個月／每季／每半年）固定投資一定

金額，當市場上升、價格上升時，你感到開心，因為這代表了你目前現有的投資是有漲幅的，如果你此時賣掉手上的投資，是會有獲利的。但這也同時代表在這個時間點，你雖然投入相同的金額，但因為單價變高，可買的單位就變少。然而當市場下滑，你買進的單價變低，雖然投入的一樣金額，就可以買更多的單位。

所以，定期定額的投資適合選擇連結市場投資物件，因為市場會有高低起伏，適合長期投資還有對市場走勢看不準的投資客。

長時間來說，你買的點有高有低，平均下來就會是個合理的平均值。尤其是如果要幫小孩存未來的教育基金，或為自己儲存未來的養老金，或年輕人在年輕的時候想要開始慢慢儲蓄慢慢投資，定期定額投資是一個很好的方式。

「這的確是聽起來比較適合像我這樣的初學者入門耶！因為它不僅可以達到分散風險的效果，也不需要每天盯著看盤，另一方面又可以強迫自己儲蓄，而且我還可以想出遊就出遊。」Karen 說。

# 定期定額投資

定期定額投資(Dollar Cost Averaging)

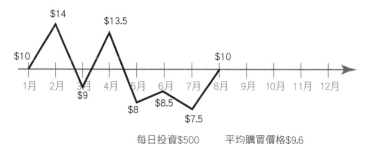

單筆投資$10,000　平均購買價格$10
　　　　　　　　　(平均價格$10)
　　　　　　　**單筆投資獲利率：0**

每日投資$500　平均購買價格$9.6
　　　　　　　(平均價格$10.06)
　　　　　**定期定額投資獲利率：4.07%**

　　「講到投資，我突然想到，我另一個好友 Jessica，最近想幫她兒子做教育基金投資。Jessica 雖然是單親媽媽，全職工作還把兒子教得很好，你一定會喜歡她。我來安排一下時間，約你們倆到我家吃飯，說不定你可以順便跟她分享一下理財的想法。」Karen 說。

　　「那有什麼問題，就等你約了。走吧！肚子餓了，該下山覓食了，看來我這頓營養早餐被請得很應該。」我說著就拉著Karen 的手往山下走。

約會 *21*

# 孩子也會感興趣的投資──複利的神奇魔力

　　忘了 Karen 也是個急性子，才提到改天要吃飯，當天晚上就收到 Karen 訊息，約在週末見面。

　　既然 Karen 打算在家裡大顯身手，煮一桌好菜，我當然也需要準備個像樣的伴手禮。知道 Karen 也愛喝紅酒，我特地帶了瓶澳洲南澳 Barossa Valley 酒區的 Shiraz（希拉紅酒）。

　　一到 Karen 家外，就聽到 Karen 大嗓門使喚人的聲音，

　　「Hello ！你一定維妮，我是 Jessica，叫我 Jess 就好了。」Jess 邊開門邊自我介紹。

　　「謝謝，Jess ！看來我們的大廚還在廚房裡忙呢！Karen，我帶了一瓶紅酒來……」話還沒說完就被 Karen 打岔。

　　「紅酒杯在桌上，快倒杯酒來，然後到廚房幫忙。」

Karen 說。

「是，大廚！」我跟 Jess 兩人相視而笑，就拿著紅酒跟酒杯到廚房去了。

其實不需要大魚大肉，有時候幾個好友相聚一起，吃飯聊天就是最大的生活樂趣了。我們三個就一邊開懷大笑，一邊吃著 Karen 大廚的好手藝。

「Jess，Karen 那天一直跟我提到你，說你有多優秀，一個人做全職工作還要帶孩子。」我說。

「還好我媽住得近，可以就近照顧。Karen 也是一直跟我提到你呢！她說那天跟你學到不少，超開心的，要我一定要跟你聊聊。既然提到這裡，Karen 應該有跟你說我最近想幫兒子做個投資。我就只有這個兒子，今年升國中了，希望能夠趁這次機會教育一下，讓他知道錢不會無中生有，同時可以讓他開始學習正面投資的簡單觀念。」Jess 說。

「這樣不錯耶！我支持你，有什麼是我可以幫忙的呢？」我問。

「當然有，你覺得有沒有什麼是我跟我兒子可以一起參與的投資？我每個月都有給他生活費，感覺上他並不是會把錢花光光的孩子，但也不知道他把錢存在那兒幹嘛？有什麼可以吸

引他們注意的？」Jess 問。

「當然有啊！賺錢跟投資，哪個人不對這個話題感到興趣，尤其是孩子這個階段。這時候，孩子開始有更多自己想要的東西或自己的想法，所以，這個時間點剛剛好適合切入，用引導的方式跟他們討論。不過，剛開始跟他們談賺錢或投資時，他們可能會有一些天馬行空的想法，你可以用錢滾錢的觀念，吸引他們的注意力跟興趣。」我說。

「賺錢跟投資？錢滾錢？這個有趣，我自己也需要瞭解一下。」Jess 說。

「是的，錢滾錢，就是我們說的複利。你投入本金投資時，投資就產生利息，這樣已經不錯了。但是你的利息還可以幫你生利息，這樣利滾利，錢滾錢的概念就是複利效應。然後，經過一段時間後，因為利滾利的關係，投資就會越來越大，變成更大一筆錢，愛因斯坦說複利是世界第八大奇蹟，就是這樣的原因。有人說對的投資像甜點一樣，吃了就有幸福的感覺了，而複利則是蛋糕上的糖霜，蛋糕已經很好吃了，糖霜再加上去就讓蛋糕更美味了。所以你可用複利的方式，去吸引小朋友的注意力。」我說。

「我應該怎麼開始呢？」Jess 問。

現在很多銀行提供的網路銀行存款戶頭就是複利的道理，年息多少，然後每月分發利息，是最容易入門的方法。除了存款外，在選擇投資時，複利也能幫你把致富的速度加快。

舉個例子來說明**單利**跟**複利**的差別好了。

## 單利：

如果你投資 10,000 元，投資 5 年，每年年息 5％，利息在第 5 年底結清付到你的戶頭。如果是單利的話，就會是一年 $10,000 元的 5％ X5 年，最後你就會看到第 5 年底，你的戶頭多生出 2500 元的利息。

| | 第一年 | 第二年 | 第三年 | 第四年 | 第五年 |
|---|---|---|---|---|---|
| 本金 | $10,000 | $0 | $0 | $0 | $0 |
| 利息 | $0 | $0 | $0 | $0 | $2,500 |
| 總額 | $10,000 | $10,000 | $10,000 | $10,000 | $12,500 |

## 複利：

同樣投資 10,000 元，投資 5 年，每年一樣年息 5％，但利息按月給付，就是我們說的複利，得到的結果就會是這樣。

|  | 第一年 | 第二年 | 第三年 | 第四年 | 第五年 |
|---|---|---|---|---|---|
| 本金 | $10,000 | $0 | $0 | $0 | $0 |
| 利息 | $512 | $538 | $565 | $594 | $625 |
| 總額 | $10,512 | $11,049 | $11,616 | $12,209 | $12,834 |

　　跟剛剛的單利比，複利所產生的效應就多了 334 元，而且複利頻率越高，所得的複利效應就越高。這也是為什麼我們說，越年輕的時候開始投資或存錢越好，因為時間拉越長，複利所產生的效應就越大。

## 複利效應

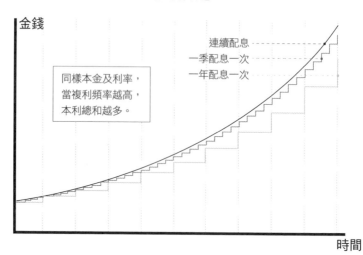

再舉一個例子來說明**早投資跟晚投資**的差別吧！小明跟小華是從小一起長大的鄰居，也是好朋友。

**早投資：**

小明決定每個禮拜存 50 元，每個月把錢放到銀行存款存 10 年，利息 5%，複利按月息計算，結果利息總得為 7644 元，本金跟利息加起來為 33,644 元。

| | 第一年 | 第二年 | 第三年 | 第四年 | 第五年 |
|---|---|---|---|---|---|
| 存款 | $2,600 | $2,600 | $2,600 | $2,600 | $2,600 |
| 利息 | $60 | $197 | $340 | $490 | $648 |
| 年額 | $2,660 | $2,797 | $2,940 | $3,090 | $3,248 |

| | 第六年 | 第七年 | 第八年 | 第九年 | 第十年 | 總計 |
|---|---|---|---|---|---|---|
| 存款 | $2,600 | $2,600 | $2,600 | $2,600 | $2,600 | $26,000 |
| 利息 | $814 | $989 | $1,172 | $1,366 | $1,568 | $7,644 |
| 年額 | $3,414 | $3,589 | $3,772 | $3,966 | $4,168 | $33,644 |

**晚投資：**

反觀隔壁小華決定延遲存款，等到 5 年後，再以雙倍的金額，一個禮拜存 100 元，每個月把錢放到銀行存款存 5 年，利息 5%。複利按月息計算，利息總得為 3469 元，本金加利息總額為 29,469 元。

|  | 第一年 | 第二年 | 第三年 | 第四年 | 第五年 |
|---|---|---|---|---|---|
| 存款 | $0 | $0 | $0 | $0 | $0 |
| 利息 | $0 | $0 | $0 | $0 | $0 |
| 年額 | $0 | $0 | $0 | $0 | $0 |

|  | 第六年 | 第七年 | 第八年 | 第九年 | 第十年 | 總計 |
|---|---|---|---|---|---|---|
| 存款 | $5,200 | $5,200 | $5,200 | $5,200 | $5,200 | $26,000 |
| 利息 | $121 | $393 | $679 | $980 | $1,296 | $3,469 |
| 年額 | $5,321 | $5,593 | $5,879 | $6,180 | $6,496 | $29,469 |

乍看下兩人的投資方法沒有什麼差別，但因為小明提早開始存款，雖然存款的總額相同，但他提早享受到複利的效應，最終的結果就差了一倍以上（4,175 元），更令人滿意。

「這個有趣，我覺得自己應該要好好審視一下我放在戶頭裡的錢，順便把它記起來，然後練習怎麼跟孩子解釋，我覺得這會引起他的興趣。」Jess 說。

　　「就像我們人生中很多事情都是需要練習，分享也是需要練習的。不過既然你說孩子對這或許會有興趣，就試試看用複利投資引起他的興趣，兩人一起投資，順便加親子樂趣吧！除了複利外，你也可以再增加說明『72 法則』。」我說。

　　「72 法則？這我倒沒聽過。」Karen 說。

　　「72 法則基本上是透過簡單的公式，去瞭解自己的資產需要多久的時間倍增。以剛剛的例子來看，年利率是 5％，用 72 除以 5 得到 14.4，這代表著如果投資利息是複利 5％，花 14.4 年的時間，你的資本就會倍增。所以你可以試算自己的投資，當利息越高，所花的時間倍增越少。當然這 72 法則的背後有一些複雜的原理，如果有興趣就再研究了！」我說。

　　「今天不僅吃到 Karen 大廚的好手藝，又學到一些理財觀念，這頓飯吃得太有意思了。下次我做東，請兩位吃飯。」Jess 說。

## 複利公式：

複利公式 $A = PX(1 + r)^n$

A ＝最終投資結果

P ＝本金

R ＝利息折合成小數點（像 2％變成 0.02）

n ＝期數

複利頻率越高，複利效應越大。

例 1：存款 2000 元，存 2 年，年息 5％，利息為年付。

$A = \$2{,}000X(1.05)^2 = \$2{,}000X1.1025 = \$2{,}205$

例 2：存款 2000 元，存 2 年，年息 5％，利息是月付。

首先，先把年息 5％除以 12 個月，得到月息 0.42％。

$A = \$2{,}000X(1.0042)^{24} = \$2{,}000X1.11 = \$2{,}211.64$

如此，雖然本金相同、利息相同、投資時間相同，但因為一個是年付，一個是月付，月付所得的利息高出 6.64 元。

所以，複利頻率越高，複利效應越大。

# 二十一個約會之後的開始

　　不知不覺旅程已經到了尾聲，是該回澳洲的時候了，雖然覺得不捨，但心裡充滿了滿滿的能量。一切事情的出現都是有原因的，這段時間透過聚餐跟河邊散步，分享了一些個人理財跟生活的概念，覺得這次的旅程真是太值得了，希望不久的將來能聽到大家的好消息！

# 跟理財談一場戀愛吧！

國際認證財務規畫師維妮與你的 21 個理財約會，
將複雜的理財觀念簡單化

作　　　者／維妮
出 版 經 紀／凱雅郡有限公司
出 版 統 籌／車姵翰
出 版 企 畫／黃柏勳
美 術 編 輯／孤獨船長工作室
責 任 編 輯／許典春、簡心怡
企畫選書人／賈俊國

總 　 編 　 輯／賈俊國
副 總 編 輯／蘇士尹
編 　 　 　 輯／高懿萩
行 銷 企 畫／張莉榮‧廖可筠‧蕭羽猜

發 　 行 　 人／何飛鵬
法 律 顧 問／元禾法律事務所王子文律師
出　　　　版／布克文化出版事業部
　　　　　　　臺北市中山區民生東路二段 141 號 8 樓
　　　　　　　電話：（02）2500-7008 傳真：（02）2502-7676
　　　　　　　Email：sbooker.service@cite.com.tw
發　　　　行／英屬蓋曼群島商家庭傳媒股份有限公司城邦分公司
　　　　　　　臺北市中山區民生東路二段 141 號 2 樓
　　　　　　　書虫客服服務專線：（02）2500-7718；2500-7719
　　　　　　　24 小時傳真專線：（02）2500-1990；2500-1991
　　　　　　　劃撥帳號：19863813；戶名：書虫股份有限公司
　　　　　　　讀者服務信箱：service@readingclub.com.tw
香港發行所／城邦（香港）出版集團有限公司
　　　　　　　香港灣仔駱克道 193 號東超商業中心 1 樓
　　　　　　　電話：+852-2508-6231 傳真：+852-2578-9337
　　　　　　　Email：hkcite@biznetvigator.com
馬新發行所／城邦（馬新）出版集團 Cité（M）Sdn. Bh
　　　　　　　41, Jalan Radin Anum, Bandar Baru Sri Petaling,
　　　　　　　57000 Kuala Lumpur, Malaysia
　　　　　　　電話：+603-9057-8822；傳真：+603-9057-6622
　　　　　　　Email：cite@cite.com.my
印　　　　刷／卡樂彩色製版印刷有限公司
初　　　　版／2018 年 10 月
售　　　　價／300 元
I S B N／978-957-9699-40-2

城邦讀書花園　布克文化
www.cite.com.tw　www.sbooker.com.tw